名人励志传记丛书

名人励志传记丛书

诺贝尔传

Nobel

孙立军 主编

江西教育出版社
JIANGXI EDUCATION PUBLISHING HOUSE

图书在版编目（CIP）数据

诺贝尔传 / 孙立军主编 . -- 南昌 : 江西教育出版社，2018.10（2021.9 重印）
（名人励志传记丛书）
ISBN 978-7-5705-0494-7

Ⅰ . ①诺… Ⅱ . ①孙… Ⅲ . ①诺贝尔 (Nobel, Alfred Bernhard 1833-1896) －传记 Ⅳ . ① K835.326.13

中国版本图书馆 CIP 数据核字 (2018) 第 201247 号

诺贝尔传
NUOBEI'ER ZHUAN
孙立军 主编

江西教育出版社出版
（南昌市抚河北路 291 号　　邮编：330008）
各地新华书店经销
三河市三佳印刷装订有限公司印刷
635 毫米 ×960 毫米　16 开本　12 印张　字数 130 千字
2018 年 10 月第 1 版　　2021 年 9 月第 2 次印刷
ISBN 978-7-5705-0494-7
定价：36.00 元

赣教版图书如有印装质量问题，请向我社调换 电话：0791-86710427
投稿邮箱：JXJYCBS@163.com　　电话：0791-86705643
网址：http://www.jxeph.com

赣版权登字 -02-2018-472

前 言

我的理想是为人类过上更幸福的生活而发挥自己的作用。

——诺贝尔

几乎每一个人都以获得诺贝尔奖为毕生至高的荣誉。而这位以他的名字命名奖项的阿尔弗雷德·贝恩哈德·诺贝尔，他的人生却更值得我们阅读并铭记。

他是火药王国的创始人，拥有富可敌国的财富。而在他去世后，却写下遗嘱，把自己的遗产捐献给了人类的事业，以奖励后人继续向高峰攀登。如今，诺贝尔奖举世皆知，而这位伟大的人，他的名字也同诺贝尔奖一起，被永远记载在人类社会发展的文明史册上。

诺贝尔在少年时期勤奋好学，长大后热衷于发明事业，一生获得过三百五十五项科学发明的专利权，被称为“炸药大王”。

诺贝尔是个孤独的发明家，他喜欢在安静平和的环境里工作，然而却没有实现过。他的一生中，一次次遭受着巨大的折磨和残酷的打击。他在少年时代的梦想是成为一个诗人。但身为实业家的父亲坚持让他从商。诺贝尔还是一个善于管理的慈善企业家，他管理的一百多家工厂为他带来巨大财富，他还提出了为企业终身工作的工人提供免费的养老金的建议。

诺贝尔在晚年时，不顾家人的反对，几次修改遗嘱，并最后决定把遗产作为基金，设立物理学、化学、医学或生理学、文学及和平奖，并把这个奖项颁发给世界各地在此领域有杰出贡献的人。

可以说，诺贝尔用他的一生为代价，换来造福人类的研究成果，他是伟大的；当他看见自己的火药用于战场上，这是令他失望的；但他又渴望和平，用自己的力量来支持和平。

他为后人留下的话："生命，那是自然付给人类雕琢的宝石。""人类从新发现中得到的好处总要比坏处多。""我看不出我应得到任何荣誉，我对此也没有兴趣。"成为后人对科学执着追求的动力与原则，也是对未来生活的追求与向往。

诺贝尔的成功源于他惊人的毅力和强烈的好奇心，他的不断反复研究，他的刻苦钻研以及他无畏地探索未知与危险。诺贝尔有很多的优良品质，他淡泊名利，为科学贡献一生而不为自己谋取半点私利的品德值得人们学习。

目录

第三章

博爱情怀 / 107

第四章

热爱和平的人 / 142

第一章

辉煌的诺贝尔家族

奥拉夫·卢德贝克的子孙

我们的主人公阿尔弗雷德·贝恩哈德·诺贝尔的母亲名叫卡罗琳娜，她在世的时候一直对诺贝尔家族的一位先祖津津乐道，他就是奥拉夫·卢德贝克。

被卡罗琳娜引以为傲的卢德贝克曾在乌普萨拉大学担任校长一职，他一生涉猎天文、物理、化学、数学、动植物、解剖、机械以及建筑等学科，并且在每个学科都有自己的建树，他的兴趣之广泛令人交口称赞。

这样说来，我们应该怎样称呼这位诺贝尔家的先祖呢？暂且用建筑师和医生来称呼他吧！

在卢德贝克二十二岁的时候，便发现了淋巴腺和它的功能，这一发现填补了血液循环理论的一些研究空缺。为了进行科学研究，他在自己任职的乌普萨拉大学建造了一所解剖室，甚至在瑞典兴建了当地第一座植物园。

但是，如果你以为他只在自然科学方面有所成就的话，那么你就大错特错了。这位诺贝尔家的先祖还发掘出很多非常有意义的瑞典神话传说，因此他在瑞典文学方面的影响也要着墨一笔。

这样看来，这位诺贝尔家的先祖可谓涉猎广泛、学富五车。非常敬重卢德贝克的卡罗琳娜一度认为，只有自己儿子的身体内，才流淌着这位诺贝尔先祖的血液，只有他才能够成为一名像卢德贝克一样的天才。

而事实上，包括阿尔弗雷德在内的诺贝尔家族的任何一个成员，都极具才华，并且在各自的领域拥有卓著的成就。

阿尔弗雷德·诺贝尔的爸爸伊曼纽尔·诺贝尔出生的时候，他的父亲已经驾鹤西去，留给他和母亲的只有揭不开锅的贫穷家境。

伊曼纽尔的父亲是一位将军，虽然在俄国的军队中服役，但是他的职责仅仅是帮军人理发，兼任军医。说是“军医”也似乎有着不专业的意思，因为这位“军医”并未受过系统的训练，因此他给伤员诊治的过程中充满着摸索和试探，用“江湖郎中”来形容他似乎更合适。

伊曼纽尔没有读过书。尽管如此，他却比一般同龄的孩子聪慧许多，加之勤奋肯吃苦，似乎日子过得不错。可是，读书甚少却成为他日后发展的障碍。

有句话说得好——穷人家的孩子早当家，伊曼纽尔从小便开始走南闯北，为的是生存。在他十六岁的这一年，他毅然决然地离开了自己的家乡，踏上“忒提斯号”货船，成为一名船舱侍者。当货船在埃及靠岸后，他踏上了这片土地，开始自己离乡背井奋斗的第一步。

他谋生的生涯是以苦力开始的，虽然是靠体力吃饭，但是在打零工的时候他非常善于观察，留心记住他人的手艺并研究。凭着极高的悟性，伊曼纽尔逐渐掌握了建筑的知识。一次，穆罕默德·阿里总督雇佣他去干活，他完成得很漂亮，后来他成为一位有作为的建筑师。

短短的三年之后，他便回到了家乡瑞典。还未重温家乡滋味的他，便得到一个平步青云的机会。原来，当伊曼纽尔回到家乡瑞典的时候，恰逢国王查理四世带着他的部下路过此处。为了欢迎国王陛下，家乡的人们忙碌起来。非常聪明的伊曼纽尔怎么可能错过这个机会呢?

“以前听人提起，查理四世当年在罗马曾经被凯旋门的风采折服。假如我能在我的家乡仿造一座凯旋门的话，相信国王陛下一定非常高兴！”

想到这，伊曼纽尔便凭借自己的智慧和技艺建筑了一座“凯旋门”。虽然是仿制品，但仍然得到了国王陛下的赞扬。

“不是亲眼所见，谁能想到在这样一个闭塞的地方，竟然有这样的能工巧匠？”

借了伊曼纽尔的光，这个小镇也给查理四世留下非常深刻的印象。这样一来，伊曼纽尔自然而然获得了很多的关注。不久之后的1821年，由两位杰出的建筑师资助，伊曼纽尔来到斯德哥尔摩建筑学校深造。

非常聪慧的伊曼纽尔自然取得优异的成绩，因为四次获得发明奖，连这所学校的校长都非常替他高兴。那么，伊曼纽尔的四次发明奖都有着怎样的故事呢?

伊曼纽尔第一次获得六十泰勒奖学金，源于他发明了风力推动的抽水机模型，要知道这可是学校发放的最高奖学金！接着，他经过研究制作出一台精致的活动房模型，再次获得六十泰勒奖学金。第三次和第四次获奖，分别源于他发明的螺旋形的盘梯模型和新式印染机。

四年之后，转入工程学校继续学习的伊曼纽尔发明了亚麻精整机，获得了这所学校的年度奖学金。

虽然，伊曼纽尔的发明很多，也得到很多奖学金，但是这其中的含金量高似乎并不是很高，因为这两所学校只是专门为那些需要继续深造的成年人成立的。这样一来，伊曼纽尔并没有在任何一所学校读到毕业。在校期间，他将大量宝贵的时间付诸发明。

因此，伊曼纽尔在斯德哥尔摩的这段时间有很多发明创造。例如，通过对“多动木房”进行多次试验，他建筑了浮桥。除此之外，他还发明出了各种机床，得到广泛的好评。

1828 年，出自他手的“诺贝尔机械运动”——用前后运动取代循环运动的方法，获得了专利。有着二十个滚轮的碾压机，便是根据这个方法制造的。

二十六岁的这一年，满怀雄心壮志的伊曼纽尔在事业上逐渐起步并且稳定发展。也是在这一年，富裕的阿尔塞尔家将自己的女儿卡罗琳娜嫁给了伊曼纽尔。婚后的两人搬至一栋舒适的公寓，开始了幸福的婚后生活。

伊曼纽尔比卡罗琳娜年长三岁，虽然她出生富裕之家，但她却非被父母娇惯长大的，在她的身上毫无扭捏之态。相反，她话语不多却非常勤劳，为人质朴纯真。身为基督教徒的她，非常同情穷苦人的生活，并且喜欢助人为乐。两人婚后的几年内，老大罗伯特和老二路德维格这两个孩子陆续来到这个世界。

要知道，天才的脑海中总会产生一些奇怪的念头，伊曼纽尔的脑海中就时常充满天马行空的想象，他的很多想法后来都在影响着阿尔弗雷德·诺贝尔。

虽然伊曼纽尔智慧超凡，喜欢助人为乐，但是他却不是一个称职的商人。他并不会筹谋和规划，做事只会凭着自己的热情和冲劲。这样一来，自然不会对生意场上的风险进行预估，更不能预设解决的方法。

可是，他的每一个儿子都非常聪颖。

1829 年 6 月 8 日，伊曼纽尔的大儿子罗伯特出世。他后来发现了巴库油田并与兄弟们一起创建诺贝尔兄弟石油公司。

这间大规模的公司对俄罗斯的国防、海陆运输和工业都给予非常大的支持，在创业初期，罗伯特曾亲自在异常寒冷的巴库驻守。每天指挥工作，他的付出换来的是石油公司日后的蓬勃发展。

1831 年的 7 月 27 日，路德维格出生了，这是伊曼纽尔第二个儿子。路德维格的才智在父亲的工厂中得以体现，随着岁月的推进，他逐渐从诸多的机械工程师中脱颖而出。

当巴库油田被世人发现之后，路德维格的管理才能给油田的工作带来许多革新，甚至他的一些工作引领着世界的步伐。特别是当生病的罗伯特辞职之后，路德维格更是管理着整个巴库油田的所有事务。

路德维格仿佛就是一位天生的领导者，在他的管理之下，油田的规模成倍扩大。渐渐地，诺贝尔兄弟的公司俨然成长为一个大公司。路德维格和他父亲的性格一脉相承，压力越大动力越大，自身的潜能也逐渐被挖掘出来，尽管公司的事务非常忙碌，但是他却做得顺风顺水。

不同于其他老板，路德维格非常体恤自己的员工，一旦他们遇到困难，他总是第一时间给予帮助，并且为他们谋求更多的福利。

首先，路德维格为员工们建了一个住宅区，单身者住在公寓中，有家室的员工则住在比城市还要好的房子中。当然，对于那些不愿意住在巴库的员工，路德维格还贴心地为他们准备接送的交通工具——船舶。

老板这样为员工着想，试想哪位员工不会爱戴和拥护他呢？每个人都为自己有这样一位体恤、善良的老板感恩，这种感激之情很自然地投射到工作当中。追随路德维格的员工们不但没有辞职的，甚至还会设身处地地为路德维格着想。

言归正传，我们这本书的主角是阿尔弗雷德·诺贝尔，他是伊曼纽尔的第三个儿子，与两个哥哥比较，他更可以位列那个时代最伟大人物的行列中。

提到诺贝尔，人们很自然地能够联想到他的发明。发明是基于平时的思考，在这方面阿尔弗雷德有着非常深厚的基础。他涉猎广泛，储备了很多学科知识。因此，在发明方面有着非常杰出的贡献，一生共取得三百五十五项发明专利。

如果你问哪一项是阿尔弗雷德最辉煌的发明成果？那非炸药莫属。在 19 世纪后期，硝化甘油引爆法、雷管、达纳炸药、炸胶、无燃炸药和速爆炸药、缓性炸药等发明为当时的工业生产提供了强大的动力支撑，利用这些发明，人类征服了大自然。

当然，阿尔弗雷德并非只是一个单纯的发明者，他还拥有属于自己的企业。全世界各地都有他的公司，并组成庞大的托拉斯企业帝国，在全世界都有着非常重要的地位。

但是，发明家和企业家并不是阿尔弗雷德·诺贝尔家喻户晓的原因所在，用他的遗产设立的诺贝尔奖奖金才使诺贝尔的大名如雷贯耳。

全世界的人民无不为一年一度的诺贝尔盛事牵肠挂肚，这世界上所有的科学家、文学家、政治家和医学家等各类学科的翘楚都以获得诺贝尔奖而感到骄傲。

一位苏德勃罗牧师是这样描述阿尔弗雷德的：

> 在他即将到达天堂的时候，并没有妻儿的陪伴……他的一生，既不被世俗的名利羁绊，也不曾被凡事的荆棘绊倒，直至生命走向尽头。他是仁慈的，他的一生都在践行“高贵的品质”。

这段评价非常恰当地描述了阿尔弗雷德的一生，现在，让我们开始翻阅他的一生吧！

出生在家庭最艰难的时刻

乍一听“阿尔弗雷德·诺贝尔”这个名字，很多人都会认定他是一个英国人。正是源于此，很多人都猜测他的祖先是迁居瑞典的英国人，可事实却并非如大家猜测的那样，阿尔弗雷德是一位地地道道的瑞典人。

他历代的祖先均以“诺贝尔利物丝”为自己的姓氏，不知出于什么原因，从他的祖父那一辈开始，他们家族的姓氏被简化为“诺贝尔”。

我们知道，阿尔弗雷德父亲就是一位不折不扣的发明发烧友，一生中有很多发明。阿尔弗雷德完全继承了父亲的天赋及兴趣爱好，加之后天的努力，终究促使自己成为世界上最伟大的发明家之一。

1833 年 10 月 21 日阿尔弗雷德·诺贝尔出生了，此时正值家中最为艰难的日子。

因为营养不良，本来就瘦小的他经常生病，虽然都是发烧、感冒这样的小病，但仍然使父母非常担心。但是，他的智慧却远远高于两位哥哥，因此也是最得父母喜爱的一个孩子。

到了八岁上小学的那一年，他身体非常虚弱，且时常请假，但天资聪颖的他在学习方面反而比其他的很多同学都要优秀。

母亲担心孩子生病耽误课程，跟不上班级的进度。在得知阿尔弗雷德的母亲有这样想法的时候，他的老师反而这样说道：

“在这个方面，您大可不必担心。他非常聪明，尽管时常落课，但是学习成绩非常好，特别是作文写得非常棒。虽然他的父亲从事建筑事业，但是我敢断定这个孩子以后说不定会成为一位文学家。”

就这样，因父亲去俄国工作，在一个缺少父亲的家庭，阿尔弗雷德在母亲的爱护下一天天地长大。因为经常生病，阿尔弗雷德没有很多的玩伴，他时常“孤军奋战”，性格上也较为内敛。

相较于其他小朋友们的嬉笑玩耍，他大多时候不是在草原散步欣赏那一番大自然的风景，就是静静地看童话书。

这样安静的孩子很容易得到外婆的疼爱，他也不例外。他的外婆经常给他讲瑞典和丹麦两国的童话故事，这个时候他总是静静地聆听，并且在脑海中展开无限的想象。或许正是这种遐想，才激发他奔赴俄国跟父亲在一起的想法。

在学校的阿尔弗雷德跟同学保持一定的距离，抑或坐在大树下面静静地看着天上的云彩，抑或低头观察地上的昆虫……总之，他所表现出的是无限的浪漫主义色彩，或许老师正是根据这些，才断定诺贝尔日后将会从事文学方面的工作。

老师的眼光非常犀利，诺贝尔的确对文学有一定的兴趣和造诣，日后也创作过小说和诗歌。但是，非常善于观察周围事务所表现出来的细心，则奠定了他日后从事发明的基础。

他父亲远赴俄国的第三年，给家里寄来了一封信。在信中，父亲表达了对正在遭受艰难生活的家人们的歉疚，并要将家人接到俄国生活。原来，父亲在圣彼得堡已经拥有一个制造军用机械的工厂。虽然他有着瑞典的国籍，但是俄国政府却非常重视他。

得知马上就要去往俄国生活，九岁的阿尔弗雷德非常开心。

“太棒了！”

“我们马上就要去圣彼得堡生活啦！”

“好想见爸爸啊！”

……

十三岁的罗伯特、十一岁的路德维格和九岁的阿尔弗雷德都在憧憬着美好的未来。在一番准备之后，1843 年的 10 月 22 日，刚迎来十岁第一天的阿尔弗雷德和家人们，心怀憧憬地离开了瑞典，携带美好的希望乘上前往圣彼得堡的轮船。

喜欢玩火药的孩子

与斯德哥尔摩的建筑迥然不同的是，圣彼得堡市中心都是石砌的道路，两侧高耸的寺塔的屋顶都是圆形的，一个个尖柱竖立在这些屋顶上。

伴随着车轮“咔嚓咔嚓”的声音，他们一行人坐在奔跑着的马车上。仿佛这马车都知晓诺贝尔一家是要骨肉重逢一般，轻快地奔向目的地。而马车上的每个人无不难掩兴奋，一来是对亲情的盼顾，二来他们也为这异国大城市感到无比的好奇。

亲人相见，活泼的阿尔弗雷德让伊曼纽尔心中充满了欣慰。

“我说，你可长高了啊！阿尔弗雷德，我听说你的成绩一直

1843年的10月22日，刚迎来十岁第一天的阿尔弗雷德和家人们，心怀憧憬地离开了瑞典，携带美好的希望乘上前往圣彼得堡的轮船。

很好啊！”

“爸爸最好了，而且比以前‘富态’了呢！”

“哈哈哈……”

儿子的话让伊曼纽尔更加高兴了，“你是说我胖了吗？那是当然了，工作上了轨道、工厂运作顺利，爸爸当然会‘富态’了呢！”

说着，伊曼纽尔便邀请孩子们去参观自己的工厂，他的这个提议自然得到了孩子们的一致同意，无不询问工厂是做什么的。

“火药！我的工厂是制作火药的！”

伊曼纽尔的这个回答令孩子们更加兴奋异常，对这个生产用于大炮的产品更加感兴趣了。说起这火药，伊曼纽尔也更加健谈起来了。

“火药，不单可以装在大炮里面，还可以装在枪和水雷里，你们知道什么是水雷吗？”

看到孩子们疑惑的样子，伊曼纽尔继续说道：

“水雷就是埋在水里的雷，那些毫不知情的船行经水雷所在地就会爆炸。”

……

一路上，伊曼纽尔一直在为孩子们营造一个奇幻的世界。而马车上的孩子们也在欣赏异国城市中这不同于自己家乡的景致。不一会儿，他们一行人便到家了。

“从今往后，你们兄弟三人要互相勉励，共同进步，这样才会拥有比我更辉煌的事业！那么，罗伯特，你的理想是什么？”

“我想成为一名技师！”

“老二，你呢？”

伊曼纽尔转过头来询问二儿子。

“我想做一名企业家，赚很多的钱，不像小时候那么穷！”

看着两位哥哥都说出了自己的理想，阿尔弗雷德也不甘示弱，还没等父亲问自己，便说出自己的理想：

“我想成为一名发明家！”

“好吧！我的孩子们……”

母亲也参加到他们的对话中来，“你们将来做什么都可以，但是现在对你们最重要的是要好好读书！”

“这里有好学校吗？”

“当然！”伊曼纽尔说。

“可是这里的学校都是以俄语教学，你们的当务之急是学习俄语。”

原来伊曼纽尔早有计划，就在孩子们抵达俄国的第二天，他聘请的一位俄语教师便来到家里，教授三个孩子俄语。

非常幸运的是，三个儿子都天资聪颖，尤其是阿尔弗雷德，虽然年纪较小，但是学习成绩却并未输给自己的两个哥哥。

“你很有语言天赋啊，阿尔弗雷德！”老师都对他赞赏有加。

“谢谢老师！那是因为我觉得俄语非常有意思啊！”

“既然你对语言很感兴趣，那么等你把俄语学完之后，我教你德语和英语。”

“好的！谢谢老师！”

阿尔弗雷德很乐于学习其他的语言。

就这样，在学习俄语之后，阿尔弗雷德相继学习了更多的语言。而他的哥哥们则因为年纪稍长，学习功课后便要到父亲的工厂里帮忙。

看到儿子们的进步，伊曼纽尔别提有多高兴了，他为这三个儿子骄傲！他看到阿尔弗雷德的语言天赋，建议他多读一些国外的著作，这样对发明很有帮助。

虽然阿尔弗雷德尚未入学，但是他每天都徜徉在家里的书房里，汲取各个学科的知识，尤其是关于科学研究方面的知识。正是源于此，他比同龄人有更多的科学原理知识储备。

阿尔弗雷德不仅在物理、化学、机械等方面的书海中徜徉，他还喜欢文学，在很小的时候便能作诗了。

每每来到父亲的工厂，在父亲和哥哥忙碌的时候，阿尔弗雷德总是来到那些运作中的机器面前研究它们的原理。时间长了，他对水雷里的火药大感兴趣。

有时趁着父亲和哥哥不注意，他会偷偷带一些火药回家，他想用这些火药做试验。他将火药放进了纸筒里，继而将纸筒竖立在地上，当点上火之后，“咻”的一声，火药在黑暗的天空中绽放出一朵美丽的花儿。

有了最初的认识，阿尔弗雷德开始模仿父亲的发明，尝试着自己做地雷。他先是用纸包住火药粉，然后捏成一个圆团。接着，他找来一些不易被撕破的纸搓成长条，做成导火线。

他点燃导火线之后便快速地跑向远方，待纸团着火之后，火药便发出烟火喷了出来。

虽然阿尔弗雷德是第一次尝试火药，可是并未给他带来很大的惊喜，他甚至感觉索然无味，于是尝试做水雷。他将火药装入一个空罐子之后盖紧盖子，然后接上导火线。

随着阿尔弗雷德点燃导火线之后，他马上跑开。之后“嘭”的一声巨响，罐子粉身碎骨。这次的实验显然使阿尔弗雷德兴奋起来，可是这声巨响吸引了大家的注意。

当父亲得知阿尔弗雷德这调皮的举动之后，严令禁止他再碰火药。之后阿尔弗雷德再次来到父亲的工厂，没有员工再让他接近火药了。

“这东西可危险着呢！你可千万不要碰啊！”

说着，管理员便将阿尔弗雷德赶出了工厂。可是，他哪能就此善罢甘休呢？他决定自己研制火药，说着便找来化学书，查看火药的制作过程。

当得知火药是混合硝石、木炭和硫黄而成的之后，阿尔弗雷德才知道火药黑黢黢的原因。他思忖着怎样才能弄到这三样东西：

“木炭和硫黄都很容易找到，但应该去哪里找硝石呢？”

思来想去，他决定到工厂找找硝石。幸运的是，他在实验室找到一个装硝酸钾的瓶子，硝石其实就是硝酸钾的粉末。于是，阿尔弗雷德偷偷地将一些白色粉末装进小袋子里，高兴地拿回家。

回到家之后，阿尔弗雷德将硝酸钾粉末和炭粉混合之后加了一些硫黄，这样一来黑色火药便大功告成。他将自制的火药统统倒进盘子里，然后点火，只听“咻”的一声之后，一阵白烟升起。

“就这样？一点儿威力都没有啊！”

阿尔弗雷德想着，假如改变一下三种成分的用量，会不会提升火药的威力？进行几次尝试之后，他终于成功地提升了火药的威力。

接下来，阿尔弗雷德又开始尝试一种危险的游戏，那便是烟火。他却发现了一个秘密：包扎火药的松紧程度与其爆炸的强度成正比。

当全家搬至圣彼得堡之后，有了家人的陪伴，伊曼纽尔的事业便越发的红火，他的工厂俨然成为当地最具影响力的个人工厂了。

虽然孩子们都没上过学，但是仰仗家庭教师的指导和悟性，这些孩子们获得了充实的知识和这个年龄段应该接受的教育。

当罗伯特和路德维格结束了家庭教师的教育后就到工厂去实习了。

罗伯特学习公司业务，而路德维格则学习生产技术，自此，伊曼纽尔工厂俨然成为诺贝尔家族的事业。就像父亲预料的那样，两兄弟的表现非常杰出。

随着时间的推移，这一年阿尔弗雷德已经十七岁了，他也到了找工作的年龄。这一天，父亲跟母亲商量着："你说，阿尔弗雷德到工厂去工作，怎么样？"

"他今年十七岁了，可不是小孩子了。可以啊！那你想让他到工厂负责什么工作呢？"看来，阿尔弗雷德的母亲似乎也同意丈夫的提议。

"虽然他对文学感兴趣，但我想让他试着学习技术。"

"也就是说当技师？很好啊！最好成为研发部门的技师！"

自己的意见得到了妻子的支持，父亲更加坚定自己的想法。

"我觉得我们的三个孩子都可以在工厂得以施展自己的能力，罗伯特胜任管理者这个角色，工厂的生产事宜交给路德维格，因此我希望我们的阿尔弗雷德可以成为一位技师，专门搞发明和制造，这样才能保证工厂生产新产品。"

"你的想法很好，但我们都知道这可不是一项简单的工作啊！"

"对啊！正因为如此，我想让阿尔弗雷德到美国去学习研究，你说怎样？"

"美国？"伊曼纽尔的话完全震惊了妻子。

“是的，有一位名叫‘埃里克森’的发明家是从瑞典移民到美国的。”

“埃里克森？是发明螺旋桨式轮船的那个人吗？”伊曼纽尔点点头，继续听妻子说道：

“你的出发点是好的，但是我不放心阿尔弗雷德自己一个人去！”

“亲爱的，他已经十七岁了，已经不是小孩子了，我想我们应该为他未来打算。在年龄合适的时候去见见世面，对他来说也是一种成长和历练。而且，就在前一段时间埃里克森给我来信说，他正在研究热空气引擎的发明工作。这可是一个千载难逢的机会，让阿尔弗雷德见识一下也不错！”

“热空气引擎，是什么啊？”

“是一种用高温空气代替蒸汽机发动的引擎，研究的成果将来应用会非常广泛的。”

……

就这样，在父母的安排下，我们的阿尔弗雷德离开了温暖的家，独自来到美国留学。

美国是一个怎样的国家

阿尔弗雷德乘坐轮船顺着大西洋一路向西，他倚在甲板栏杆远眺一望无际的大海，不禁思考着。

在这段旅途中，阿尔弗雷德经常坐在甲板上，面朝大海，吹着海风，阅读这些读本。在所有他读过的作品中，雪莱的诗是阿尔弗雷德最感兴趣的。

“美国，是一个怎样的国家呢？是充满朝气还是有着广袤无垠的牧场呢？那里生产煤、铁还是石油呢？”

在整个旅途中，阿尔弗雷德对美国心怀无数个问号。当然，他也为到达美国的日子进行准备——复习英语，以便尽快适应陌生的生活。

刚到俄国的时候，父亲便为阿尔弗雷德聘请了非常好的语言老师，教授他各国语言。极具语言天赋的他随身携带着各种类型的英语读本，有科学类读本，还有诗歌和文学方面的英语读本。

在这段旅途中，阿尔弗雷德经常坐在甲板上，面朝大海，吹着海风，阅读这些读本。在所有他读过的作品中，雪莱的诗是阿尔弗雷德最感兴趣的。

雪莱主张和平、博爱，他将自己的理想和所有的价值观赋予所写的诗歌当中。阿尔弗雷德被雪莱这些作品所深深吸引，他完全吸收雪莱的理念，并且融合到自己的观念当中。

正是受雪莱崇尚和平的理念影响，阿尔弗雷德一生都秉承着合乎情理的科学观点，促进自己的事业发展，并且对待世人非常博爱。他能够捐出自己的遗产设立诺贝尔奖，正是对雪莱思想升华的表现。

油轮到达港口，阿尔弗雷德踏上美国的热土，怀揣父亲的介绍信来到埃里克森的住所。

在埃里克森处，阿尔弗雷德学会了很多机械的技术，并且协助埃里克森完成热空气研究工作。当时的热空气引擎，正是现在燃气轮机的前身。可是这种先进的机械技术，在当时却没有得到推广。

但是，正是从这项研究开始，阿尔弗雷德认识到物体燃烧的气体可转化成能量的原理，也是在这里，他的思维得到了很广的延伸。

虽然，阿尔弗雷德对机械的兴趣得以满足，但是远在美国的他却依然放不下对文学的热爱，这使他内心交织着复杂的情感。

每当结束了一天的研究生活，独处孤寂的时候，是雪莱的诗给予他深深的寄托。于是，在独处的时间，阿尔弗雷德靠写诗来打发孤独。

就这样，一年的时间匆匆过去。阿尔弗雷德结束了在埃里克森处学习的生涯，踏上了回到俄国的路途。在归途中，他并没有忘记汲取知识。路过巴黎的时候，他临时决定在法国稍作休息，去学习物理和化学知识。

但是，只有他自己清楚，在法国还有另外一个目的，那就是接受这里浪漫的熏陶，以激发他作诗的灵感。

初到俄国的时候，阿尔弗雷德除了学习俄语，还学了很多国家的语言，因此在法国日常交际毫无问题，但是为了更加流利地说法语，他参加了一个会话补习班。

这个补习班不单单让他的法语更加流利，也是在这里，阿尔弗雷德结识了一位少女。随着了解的加深，两人坠入爱河，并且私定终身。

通过一段时间的补习，阿尔弗雷德的法语水平已经不亚于一位法国本地人了，这真是一件可喜可贺的事情。可是，不幸的是，他深爱的那位法国姑娘却不幸去世。对于阿尔弗雷德来说，这是一次深深的重击。

他再也没有心思留在法国，于是他回到圣彼得堡，专心致力于自己的理想和事业的打拼。这一年是 1852 年，阿尔弗雷德刚刚度过十九岁的生日。

离开两年后又回到俄国

“哦，阿尔弗雷德，你完全是一个大人了！”当看到自己的小儿子，母亲卡罗琳娜内心的高兴溢于言表。

“当然了！你独自一人离开两年了！”父亲伊曼纽尔也非常高兴。

“可是，为什么你的脸色不太好呢？生病了吗？”母亲一眼看到了儿子的落寞。

“不是，可能因为长时间旅途，累了而已。但是看到父母身体这样健康，我也就不累了！”阿尔弗雷德的一席话，使父母非常感动。

“我们身体非常好，公司也在轨道上！”父亲微笑着说。

“那我的哥哥们呢？他们怎么样啊？”

“我已经通知他们了，或许这会儿他们已经在回家的路上了。短短两年的时间，他们已经在自己的岗位上独当一面。你大哥现在是经理，而你二哥现在是厂长。”

“那可真是太好了！”听到父亲的描述，阿尔弗雷德非常高兴，并且表示自己应该将两位哥哥视为榜样，好好向他们学习。

“这次美国之行使你懂事不少呢！”母亲说道。

“既然这样，我希望你尽快将所学到的物理和化学知识应用到工厂的产品上面！我想让你负责工厂的发明工作，我相信你一定能够胜任！”

父亲的话使阿尔弗雷德面露难色，只好先答应了。就在这时，罗伯特和路德维格回来了。

“我回来了，大哥、二哥。”

“阿尔弗雷德，欢迎你回来啊！你可长高不少呢！”

说着，罗伯特拍拍阿尔弗雷德的肩膀，而路德维格则问到此次的美国之行。

“三弟，美国怎么样？”

“在美国，都是广袤无垠的草原，只要充分利用当地的土地，一定会有非常可观的回报！”

“我听说美国盛产石油，可是真的？”

听到这个问题，阿尔弗雷德点点头，给予了肯定的答复。

“美国不但盛产石油，而且铁和煤的产量也非常丰富，我想不需要多长的时间，美国就会成为全世界工业大国。”

“我说让阿尔弗雷德到工厂主要负责发明的工作，你们两个赞成吗？”

就在这个时候，父亲伊曼纽尔说出了自己的打算。他的这个想法得到两个儿子的一致赞同，并且都表示阿尔弗雷德一定能够取得非常可观的成就。

“我不确定能取得非常高的成就，但我一定会尽力的！”阿尔弗雷德非常谦虚地说道。

看着三个大儿子意气风发的样子，母亲抚摸着自己九岁的小儿子艾米尔，欣欣然地微笑着。

就在阿尔弗雷德回到俄国的第二天，他便到工厂报到上班了。他并未空降到工厂的发明工作室，而是从底层开始学习——学习机车床的操作、削铁的技术、修理机械故障的常识……

这些在外人看来又脏又累的活，充斥着阿尔弗雷德的整个实习过程。与此同时，他还跟大哥学习办公室的日常工作，包括制作账目统计表、经营企业业务的要领等工作。

在此期间，他仍然利用业余时间学习火药和机械方面的知识，并且着手改良工厂机械的工作，积累丰富的经验之后便开始研究发明。

如此繁复的工作使得阿尔弗雷德常常在夕阳西下后依然留在

实验室，埋头于自己的研究当中。

转眼间，冬去春来，春天的气息悄然弥漫在圣彼得堡的空气当中，复活节就要到了。可是就在这个时候，阿尔弗雷德的食欲却明显下降。

“阿尔弗雷德，专心工作非常好，可是你可不能忽视自己的身体啊！”

眼见着小儿子瘦了一圈的母亲，非常担忧地关心他。

“妈妈，没事的！”

阿尔弗雷德完全是强打着精神回答母亲，“我这么年轻，一点都不累！”

“可是我发现你最近明显消瘦了呢！”

“妈妈，根本没这回事，您看我多好啊！”

就这样，阿尔弗雷德依然投入到繁重的工作中去。可是，一天父亲非常担忧地询问道：

“我看你脸色不好啊，阿尔弗雷德，你是不是生病了？”

“我只是有点感冒，没事的！”

这次，阿尔弗雷德也感到自己的身体似乎亮起了红灯。显然，他非常了解自己的身体。从这一天开始，他不断发烧，经过医生的诊断，得出的结论是：

“过度劳累导致呼吸系统产生了一些问题，虽然不是很严重，但是我建议他好好休养休养！”

“应该去哪里休养呢？”伊曼纽尔焦急地询问。

“我建议温暖的地方。”

就这样，一家人安排阿尔弗雷德到较为温暖的南方乡下休养。此时的阿尔弗雷德却非常想去化学技术最好的德国，因此他便来到阿尔卑斯山附近的德国温泉村埃格静养。

埃格是一个景色秀丽的温泉村，阿尔弗雷德每日沉浸在温泉当中，呼吸着新鲜空气远眺群山，这样惬意轻松的日子使他迅速恢复了健康。

与此同时，他的德语水平也得到了提升，极具语言天赋的他即便跟德国人交流也非常流利。也是在这段时间，阿尔弗雷德到柏林购买了很多化学书籍阅读学习。

这些化学书籍使他回忆起小时候玩火药的那段经历，于是他迫不及待地想要早点回到圣彼得堡，去进行他心心念念的化学实验。

等到身体康复，他便踏上回家乡的旅途。而他并不知道的是，此时的俄国正在酝酿着克里米亚战争，已危机重重。

研究炸药

当身体健康的阿尔弗雷德出现在父母眼前的时候，他的父母别提有多高兴了。

“看起来你的身体已经痊愈了，阿尔弗雷德，对吗？”

“是的，我相信我可以独立操作了。从今天开始，我会将全部精力用在发明研究上的！”

“那可真不错！这样说来的话，你想从事哪方面的研究呢？”显然，阿尔弗雷德的回答父亲很满意。

“我想发明威力更强的火药。”阿尔弗雷德继续自己的讲话。

“这个设想固然很好，但是你知道吗，阿尔弗雷德，战争一触即发，现在工厂正积压着大量水雷的订单，正是需要你的时候呢！”

“水雷？”听完父亲的话，阿尔弗雷德说道，“战场上的用处大吗？”

“那是当然了，俄国的陆军非常强大，但是海军却不敌英国和法国的轻轻一击，因此俄国要将大量的水雷安置在敌军登陆的海岸，阻止敌军的侵入。”

父亲这一番话却只得到阿尔弗雷德不以为然的回应：

“父亲，我觉得我们工厂生产的水雷只能对木质的船只起到一定的防御功效，对于那种钢铁构筑的船收效甚微啊！”

“怎么可能？我已经试验过很多次了！”阿尔弗雷德的话显然令父亲心生一丝不悦。

“即便如爸爸所言，我仍然想发明威力更加强大的火药。”

……

1853 年 3 月，克里米亚战争爆发了，土耳其、英国和法国的联军成为俄国的敌军。因为这场战争，诺贝尔工厂非常忙碌，水雷的需求量节节攀升。

“看来，我们要忙一段时间了！”战争中所需的大批订单使得阿尔弗雷德的父亲非常高兴。

显然在这场战争中，俄国的海军实力相当薄弱，不需要多久时间，便连连败退。诺贝尔工厂生产的水雷是否能在这场战争中收到功效，还是一个未知数。可是无论如何，在俄军防御的喀朗斯塔德军港的入口处，俄军已经密布一排排水雷阵。

可就在英法联军准备借由喀朗斯塔德军港入侵圣彼得堡的节骨眼，一艘俄国汽船却误闯俄军的防御水雷阵中。将这一幕尽收眼底的英法联军马上取消这个行动。

这件事足以证明，诺贝尔工厂生产的水雷确实非常有效。自此，伊曼纽尔公司得到了世界的关注，俄国学术界两位化学家——特拉浦博士和希宁博士便慕名前来。希宁博士开门见山：

“这次来为的是一件机密的事情，想跟伊曼纽尔商量商量！”

“应用强力火药的问题！”

特拉浦博士补充道。

“这方面，我的儿子阿尔弗雷德有一些研究，不如把他找来大家一起谈谈吧！”

听说是伊曼纽尔的儿子，两位博士都放心了。于是，阿尔弗雷德被叫来和两位博士还有自己的父亲一起商讨这项“高度机密”。

“我们都知道，这次的战争对俄国来说无疑是一次沉重的打击。为了让俄国在战场上获胜以达到结束战争的目的，我们想制造一批威力更加强大的火药，现在想询问一下你们，是否可以研发并且生产？”

博士的话让伊曼纽尔非常开心，随即表达自己期盼合作的心愿，但是却表示：

“虽然我希望合作，但是现在的问题是我们事先没有进行计划，因此在实施的过程中会显得手忙脚乱。”

“这一点不要着急……”得到伊曼纽尔的肯定答复，两位博士已经非常开心，面对他的顾虑，希宁博士拿出一个瓶子，并且继续说道：

“这是一种强烈的液体爆炸物，虽然如此，我们却对它的爆炸力和实用价值存疑。”

“这是一种什么液体？”

“硝化甘油！”还没等西宁博士回答伊曼纽尔的问题，阿尔弗雷德便脱口而出这个问题的答案，“意大利科学家沙布利洛早在 1847 年便发明了，我直到今天才第一次见到这种液体。”

“我们就是想利用这种液体做试验。”希宁博士说道。

“我曾经也希望用这种物体来增强水雷的威力。”

“可是这是一项非常困难的工作，沙布利洛发明的这种液体威力虽然强大，但是稳定性不是很好，有时仅仅是燃烧却不能爆炸。”

说到这里，希宁博士滴了一滴瓶中的液体滴到地板上，继而将其点燃，被点燃的液体仅仅是产生了火焰却没有爆炸。

希宁博士又将一滴瓶中的液体滴到地板上，这一次他用一把锤子敲打这滴液体，硝化甘油随即发出了爆炸的声音。

“你瞧，这种液体的威力总是难以控制。”

“这是否源于它的物质形态呢？”

阿尔弗雷德的提问并未得到两位博士的积极回答。

“也许吧！要知道，沙布利洛的实验室被硝化甘油炸毁后，已经停止对其的研究了。”

“这的确令人匪夷所思啊！”

伊曼纽尔在一旁说道。

“希宁博士，可否将这件事情交给我们来处理？”阿尔弗雷德自信地询问。

“当然可以，我相信你可以做好！”希宁博士说着便将手中的硝化甘油递给了阿尔弗雷德，并且叮嘱阿尔弗雷德要小心。

“我一定会努力完成的！”得到了肯定回答，阿尔弗雷德非常开心。

令当时的阿尔弗雷德没有想到的是，这件事情会在日后吸引全世界的目光，将他的人生带到辉煌的制高点。

从这一天开始，阿尔弗雷德便和自己的父亲一道专心地研究硝化甘油的使用方法和技巧。

深知硝化甘油是一种非常难于控制的化合物，加之其呈现一种液体的状态，如有一丝处理不当的行为，就会引起爆炸。阿尔弗雷德在操作的过程中非常小心，这也是沙布利洛停止研究的关键所在。

尽管如此，硝化甘油还是有它的益处的，是有效治疗心脏病患者的用品，因此在当时的医疗界，硝化甘油已经得到了广泛的应用。

虽然将自己的全部精力投入到研究硝化甘油这种物质上来，但是效率却远远低于阿尔弗雷德的预期。这是为什么呢？

原来诺贝尔工厂当时还在生产各种机器，因此无论是阿尔弗雷德还是父亲都无暇更多地来进行这项研究。

经过与父亲的商讨，阿尔弗雷德决定工厂还是先生产机器，待战争结束之后，再继续硝化甘油的研究。

这场战争异常惨烈，尽管联军的人数高达十万有余，但是在俄军的顽强抵抗之下，联军暂时没有越雷池一步。

除了“人和”，“天时”也在一定程度上助俄军一臂之力。这场战争发生的时候正处在寒冬时节，加之热病正在流行，因此很多联军因水土不服在未踏上战场之前便已患病，这类士兵的人数竟然高达一万五千人。

在这场战争中，一位来自英国的女护士南丁格尔跨越了敌对的鸿沟，她照顾双方伤病的伤员，被授予“克里米亚的天使”的荣誉称号。

第二年，一直胶着的战争有了胜负之分，俄国呈现败势。屋漏偏逢连夜雨，俄国沙皇尼古拉一世不幸在这个时候病逝。

就这样，1855 年，联军一直久攻不下的塞瓦斯托波尔军港沦陷，即位的亚历山大二世不得不在此时向联军投降。

失败之后，俄国不再向诺贝尔工厂订购机械。这就意味着，在战时规模不断扩大的工厂的价值逐渐缩水。伊曼纽尔非常烦恼于此事，因此紧急召开家庭会议，商讨解决的办法。

“没有订单，我们的工厂要倒闭啊！”

老大罗伯特说。

无奈之下，曾经异常忙碌的诺贝尔工厂不得不停工，伊曼纽尔在移民俄国二十余年之后准备踏上回到瑞典的归乡之路。

“这也是被迫无奈，工厂都停业了，我们留在这里也没有什么用。干脆回到家乡，你们怎么想？”显然，伊曼纽尔正在征求儿子们的意见。

“我们想留下来！”

经过一番商讨，三兄弟决定留在俄国找一份新的工作，“我还要继续研究硝化甘油呢！”阿尔弗雷德接着说道。

这样一来，伊曼纽尔就带着妻子和自己最小的儿子回到了瑞典。他们之前曾在斯德哥尔摩居住，这次回到家乡之后，他们又在斯德哥尔摩附近租了一栋房屋居住。

这一年是1859年，阿尔弗雷德二十六岁，诺贝尔一家遭遇了一次变故。

第二章

诺贝尔的发明

制造出了雷管

父亲一行人回到瑞典，三兄弟则继续在圣彼得堡发展。虽然他们三个人还在以前的工厂干活，但是角色却由从前的老板转变为现在的员工，工厂已经易主。

工厂现在的老板并不懂得如何经营好一个工厂，因此任命路德维格负责工厂的日常营运，罗伯特负责设计机械，阿尔弗雷德则边操作机械边研究硝化甘油。

正是从这个时候开始，他的发明潜能才一点点被挖掘。晴雨计、水量计等发明，经他的手改良之后，在日后取得了专利。

可是好景不长，转眼间来到10月份，阿尔弗雷德的身体愈

打开窗子，阿尔弗雷德不禁感慨道：“这个冬天真是漫长又寒冷啊，幸好春天就要到了！”

发的虚弱。尽管有时茶饭不思，但是他仍然在非常疲累的状态下坚持照常上班。

他不愿意休息，常常勉强自己上班。吃饭的时候，总是看不到他的人影。如果走进他的办公室，他一定是疲倦地趴在桌子上。

“三弟，你可要保重身体啊！”非常担心弟弟的罗伯特劝慰他道。

可是，一切都晚了！一天晚上，罗伯特下班晚了，他没有看到三弟屋子的灯光亮着，一种不祥的感觉在他的脑海中出现。

待他走进漆黑的屋里时，看到一个人躺在即将燃尽的壁炉前，原来是阿尔弗雷德。

他赶紧跑过去，伸手探探弟弟的额头，滚烫滚烫的。他把弟弟抱到床上，并且找来了医生。一连几天，阿尔弗雷德始终处在高烧之中。经过诊治，医生证实疲劳过度是这次阿尔弗雷德患病的罪魁祸首。

疲劳过度导致急性胸膜炎，加之旧疾复发引发了心脏病。虽然随着治疗的深入，阿尔弗雷德恢复了意识，但是病情却日渐恶化。

哥哥罗伯特一直悉心地照料阿尔弗雷德，但是却因为天太冷，不能把阿尔弗雷德送到医院里去治疗。

阿尔弗雷德在这间非常局促的小屋里，忍受着疾病给自己带来的痛苦。此刻，他正在凝视着窗外的天空，想着“春天来了就好了”。可是圣彼得堡的冬天特别难挨，白雪覆盖了整个世界。

躺在床上休养的阿尔弗雷德有时候可以听到小孩子们在外面嬉戏的笑声，他想或许圣诞节马上就要来了。

阿尔弗雷德期盼的春天好像脚步很慢，外面偶尔传来雪橇滑动的声音。

“哥哥，你瞧！我好多了！”

“好像已经退烧了……”摸了摸阿尔弗雷德的额头，大哥说道，“脸色也好转许多啊！”

“哥哥，你放心去上班儿吧！我已经好多了！”

“这样的话，那好吧！”

阿尔弗雷德不知道的是，罗伯特并不能一直照顾他这个生病的弟弟，因为他必须像以往一样，每天到工厂去上班。

每天，阿尔弗雷德都是听着大哥去工厂的脚步声开始一天的生活。每每一觉睡醒，他都感觉胸部的疼痛能够稍微得到缓解，显然他的身体已经开始复原。

打开窗子，阿尔弗雷德不禁感慨道：“这个冬天真是漫长又寒冷啊，幸好春天就要到了！”

春天的气息随着轻柔的风带来了绿色的春意，它将屋檐的冰挂融化成水滴，滴滴答答地穿透坚硬的大地。

“真是舒服啊！”呼吸着新鲜的空气，阿尔弗雷德伸了一个大大的懒腰。卧床半个月的时间，春天的到来意味着阿尔弗雷德彻底摆脱了病榻的生活。

得知阿尔弗雷德康复，伊曼纽尔从老家给他寄了一封信：

“我这几天开始研究希宁教授说的硝化甘油，不知道你那边进展怎样了？这项研究远比我想象的要艰难很多，可是我相信我一定可以得到正确使用硝化甘油的方法！”

读完父亲的信，阿尔弗雷德暗下决心：我绝不要输给父亲！思及此，阿尔弗雷德便投入到研究工作当中，他又开始搜集有关硝化甘油的性能资料。

要知道，生于1821年的沙布利洛是在意大利的色林大学药品室中发明硝化甘油的。在留学法国的时候，贝鲁斯教授亲自指导他进行硝酸混合物品的研究工作。

受到硝酸作用的大部分物质，都具备爆炸的性能。当沙布利洛混合硝酸、硫酸和甘油的时候，得到结论：这将是一种极具爆炸力的液体，“硝化甘油”也因此得名。

阿尔弗雷德仔细地阅读沙布利洛发布的研究报告，从中摘取自己所需要的试验根据。

“如果将甘油与二号硫酸和一号浓硫酸按照一定的比例进行混合，再一点点地将混合液体缓缓滴下……”说着，阿尔弗雷德便将这三种液体慢慢混合。但是，他突然意识到如果在加热的情况下混合的话，势必会发生危险，因此他首先将这三种液体冷却之后再加以混合。

当结束所有程序之后，他将混合好的液体倒入水中，观察烧杯底部，发现已经凝结成像油一样的液体，这便是硝化甘油。

成功自制硝化甘油之后，阿尔弗雷德非常开心，但是这是一种非常容易爆炸的液体，因此他务必非常小心。

此时，他又开始研读沙布利洛的报告：

将一滴甘油滴在白金板上面并且加热，便会发生燃烧，甚至会出现爆炸的现象。虽然有一次仅仅是一滴就产生了爆炸，但是碎玻璃片却伤着了我的手臂和脸，使我身负重伤。

看完这段文字，阿尔弗雷德不免心中为之一震。

“滴一滴硝化甘油在玻璃盘上面，再将烧红的白金线插入其中，也会产生爆炸。”

这一刻，阿尔弗雷德似乎已经知道为什么硝化甘油会爆炸了。

“那位希宁博士曾经做过实验，用铁锤敲打硝化甘油也会爆炸。”阿尔弗雷德想着，既然硝化甘油具备这样强烈的爆炸力，那么说明它不但可以使用在水雷上，还可以应用于挖隧道和开马路。假如在岩石上挖一个孔，将硝化甘油灌入其中，一旦引起爆炸的话，那么岩石必将破碎。

这个想法非常好，可是另一个疑问又来了——应该怎样引爆硝化甘油呢？用锤子砸非常危险，直接点火那危险系数更是高得离谱。

忽然，阿尔弗雷德的脑海中浮现了一个想法，假如用包含黑色火药的线蕊作为导火索，让它慢慢燃烧，人只要躲到远处不就可以了么？

阿尔弗雷德说做就做，他找来一条含有很多火药的线，一端插入硝化甘油的容器中，另一端点火。按照他的思路，导火索燃尽之后硝化甘油便会爆炸，可是实验结果却不如人意。

虽然硝化甘油着火了，可是只有没有着火的部分硝化甘油喷射而出，其余零落的火星则很快熄灭了。阿尔弗雷德马上用绳子吊起一块重重的铁块，让它落在放有硝化甘油的盘子上，仍然没有使硝化甘油爆炸。

这个实验给阿尔弗雷德造成一连串的疑问，他找来过去的实验记录，认真地读起来。在这个过程中，两个字给了他启发——一滴。

在希宁博士的研究报告中，清楚地写着“一滴硝化甘油”，阿尔弗雷德想明白了：只有加热所有的硝化甘油，硝化甘油才会在受到铁锤重击的情况下产生爆炸！

既然是这样的话，想要炸开岩洞，必须重击全部受热的硝化甘油，这谈何容易？

阿尔弗雷德苦思不得其解，于是将自己的研究报告写成一封书信：“父亲，您对硝化甘油的研究取得了相当成功的效果，我正在发奋赶上您的步伐，可是却没有得到非常好的爆炸效果。父亲若有了更进一步的发现和见解，请来信告诉我！”

父亲的回信马上就到了：

“我已经找到使硝化甘油安全爆炸的方法了，你试着渗透一些硝化甘油到黑色火药里，这样的爆炸会更加稳定。”

阿尔弗雷德深信父亲的方法，于是着手去做实验，可是结果仍然不理想。对这次实验的失败，他陷入更大的疑惑中。

就在一筹莫展的时候，他想起小时候玩火药的经历——他将火药装入铁罐当中，封闭妥当之后点火，这才引起一场爆炸。

这样看来，硝化甘油和黑色火药的原理相通。于是，他将含有硝化甘油的玻璃管放入一个铁罐当中，并且将四周的空隙用黑色火药填满，之后点燃导火索。只听“轰”的一声，硝化甘油终于爆炸了！

阿尔弗雷德不禁拍手叫好，看来硝化甘油可以有效地使用了。为了让自己的哥哥们为自己高兴，他决定搞一个恶作剧吓唬吓唬他们。

他举一反三，将硝化甘油爆炸物做成了弹丸的形状。等哥哥们回到家的时候，阿尔弗雷德便将他们带到河边，说给他们展示一样有趣的东西。

禁不住阿尔弗雷德的邀请，好奇的罗伯特和路德维格跟着阿尔弗雷德来到了河边。三人站定之后，阿尔弗雷德点燃了导火线，“嗖”的一声将弹丸抛向河里，随着一道带着火药冒烟的抛物线坠入河水当中，一根非常壮丽的水柱伴随着非常大的一声巨响喷薄而出。

“那是什么啊？”

“威力这么大？”

“是硝化甘油啊！”显然，两位哥哥已经震惊了。

“这么说来，你的研究成功了，你能完全控制硝化甘油的不稳定性了？”

“真是太棒了！恭喜你啊！快看啊！河里的鱼都浮出水面了！”

虽然，阿尔弗雷德能够成功控制硝化甘油的不稳定性，但是这种液态炸弹却不太实用。因此，他下一步的研究方向便是更方便、更实用的研制方法。

他首先，将塞满黑色火药的玻璃管插入装有硝化甘油的容器之中，再点燃导火索，虽然想法是好的，但甘油并没有完全爆炸。

可是阿尔弗雷德却不气馁，经过反复的实验，他成功研制出拴紧密封的黑色火药管，将这种火药管放置于硝化甘油当中，当管子爆炸之后便可以成功引发硝化甘油爆炸。

这次小小的改变取得了非常大的成功，这便是阿尔弗雷德日后的发明——雷管。这个雷管等于是一个媒介，不单单适用于爆炸硝化甘油，还可以引爆各种爆炸性物质。

虽然雷管帮助阿尔弗雷德的研究取得了质的飞跃，但是它的实用性却并非那么理想。

“如果有比雷管更强烈的引爆媒介就好了！”

这个疑问引发阿尔弗雷德前往更加纵深的发明当中，后来他发现了雷汞——小量的雷汞注入管中，便可以促使硝化甘油发生巨大的爆炸。

一场可怕的大爆炸

阿尔弗雷德发明的雷管，使得硝化甘油有了更多的作用，因此他带着这项发明马上回到了斯德哥尔摩，跟父亲见面。

“父亲，有了这项发明，我们以后一定可以大有作为！”

“那是当然了！我一直以为你的发明并没有太大的进展，因为我就在研究硝化甘油的道路上停滞不前。”父亲当然为阿尔弗雷德取得这样大的研究成果感到开心。

“既然这样，那我们以后共同合作，创办一家诺贝尔硝化甘油公司，您觉得怎么样啊？”

“这个构思不错，可是我们的启动资金从哪来呢？”阿尔弗雷德的想法真的不错，可是摆在眼前的是更大的一个问题。

“资金方面的话，我来想办法好了！”

跟父亲道别之后，阿尔弗雷德来到了法国，他开始拜访巴黎各家银行的经理，向他们推荐硝化甘油的功效，希望可以从他们那里得到一些资金上的帮助。但结果却事与愿违，没有一家银行愿意。

尽管四处碰壁，但是阿尔弗雷德却不气馁，终于幸运女神向他伸出了援手。法国国王拿破仑三世听说了阿尔弗雷德的这项发明，他认为硝化甘油在军事上一定具备非常广泛的运用，银行有义务对其进行帮助。

阿尔弗雷德获得了十万法郎的贷款，拿到资金之后的阿尔弗雷德马不停蹄地回到了斯德哥尔摩，与父亲开始筹建工厂。

工厂建造在斯德哥尔摩的郊外，距离父亲的住处和实验室都不远。看起来很小，可是就是这样一个不起眼的工厂，在日后成为诺贝尔火药工业公司。

诺贝尔三十岁的这一年，他的工厂正式开始生产硝化甘油。虽然工厂的员工不多，但是大家齐心协力跟随阿尔弗雷德及其父亲，每天致力于生产硝化甘油。

生产硝化甘油的原材料之一便是肥皂，幸亏当时肥皂工业非常发达，因此肥皂的收购价格相对低廉，这给予了阿尔弗雷德更多的便利。

“我们在生产硝化甘油的过程中，一定要注意安全啊！”父亲伊曼纽尔经常这样提醒阿尔弗雷德。

“我知道的，父亲！在生产的过程中，务必冷却硝酸，这样就不会发生危险！”

“混合的时候，一定要一点点地慢慢倒入！”

硝化甘油属于易燃物，只有万分小心，才能成功生产。相对于以前没有硝化甘油的时代，在现在的矿业界和土木业界，用硝化甘油来取代黑色火药炸岩石更加事半功倍。

只要用铁锤和凿子将岩石钻洞，再将硝化甘油注入进去，引爆阿尔弗雷德发明的雷管，岩石便会瞬间粉碎，这种方法给当时炸岩石作业带来了更高的效率。

这样一来，订购硝化甘油的订单纷至沓来。

“我们工厂的效益越来越好了，父亲！”阿尔弗雷德非常高兴地对父亲说道。

“这要仰仗于你的发明！”

“我相信，硝化甘油的时代正在来临。”阿尔弗雷德非常看好硝化甘油的应用前景。

即使用导火索也不会引爆硝化甘油，但还是酿成一件惨事。

1864 年夏天，在大学读书的弟弟艾米尔放暑假回到了斯德哥尔摩。他非常尊敬自己的哥哥，而阿尔弗雷德也非常疼爱自己的这个弟弟。有的时候，他更像艾米尔的父亲，而非哥哥。

和阿尔弗雷德一样，艾米尔也对硝化甘油有极大的兴趣。暑假期间他经常来工厂帮忙，希望锻炼一下自己。

“哥哥，我觉得现在生产硝化甘油的方法有点儿麻烦，而且生产成本也非常高。有没有什么可以简化它的生产过程，并且降低它的成本呢？我想试一下！”一天，艾米尔向阿尔弗雷德这样提议道。

“艾米尔，我非常支持你的想法，但你一定要注意安全！”

“你放心吧，哥哥！”

自此，艾米尔每天在工厂的实验室里研究简化硝化甘油的生产过程。

“艾米尔，你的心是这样的善良！今后一定可以成为像你哥哥那样的发明家！”将艾米尔的努力看在眼里的伊曼纽尔，给予他极高的褒奖。

可谁知，就在9月3日的这一天，诺贝尔硝化甘油工厂却意外地发生了爆炸，整座工厂瞬间被大火包围和吞噬。

尽管伊曼纽尔和阿尔弗雷德第一时间赶到现场，但无奈不可扭转熊熊大火，只能颤抖着身躯眼睁睁地看着辛苦建立的工厂毁于一旦。

更加雪上加霜的是，熊熊大火被扑灭了之后，救火人员发现五具残骸，深得阿尔弗雷德疼爱的小弟艾米尔身在其中。

工厂可以再建，可是弟弟的生命却不能被挽回。阿尔弗雷德的母亲整日以泪洗面，而父亲经历这次重创后时常呆若木鸡。

一天，眺望远方出神的父亲被叫到警察局接受审问：

“谁允许你们生产这么危险的物品的？”

“在生产之前我们进行过研究，没想到不容易引爆的硝化甘油可以这么容易爆炸，这是我做梦都没有想到的事情！”面对警察的盘问，伊曼纽尔老实地回答道。

“你刚才说不容易被引爆，那为什么会爆炸呢？”

“只有室温超过180华氏度的时候，硝化甘油才会自然爆炸。会不会是艾米尔在做实验的时候，忘记看温度计了呢？”伊曼纽尔在努力地思考原因。

“假如太靠近火源，会不会自然爆炸呢？”警察在一边提醒到。

“不会！”伊曼纽尔给予否认，“直接点火都不会爆炸。”

“那么，硝化甘油是怎样被生产出来的呢？”警察接着问道。

“在很低的温度下，混合硝酸和甘油，便可以生产出硝化甘油。”

“你们在生产硝化甘油之前，为什么没有事先申请备案？”

“我们现在对于硝化甘油的生产还处在实验阶段，制造量非常低。”伊曼纽尔回答。

虽然，伊曼纽尔并未因这件事情而受到处罚，但是从警察局回来之后他便因脑出血缠绵病榻。

虽然硝化甘油非常危险，但是这次爆炸事故并非因为艾米尔使温度升高。很快从悲伤中重新振作的阿尔弗雷德发誓：“我一定要研发出最安全实用、存放和制造硝化甘油的方法！”

尽管有这次意外，但仍未动摇诺贝尔的决心，他决定去乡下找一块空地进行试验。可是结果却令他相当失望，没有人愿意将自己的土地租给诺贝尔建立工厂。

当然，他并没有放弃自己的理想，无奈之下他只好来到湖边，买了一条船，搭建一个临时的水上工厂。

抛下船锚固定好船只的位置，这条泊岸的大船俨然成为阿尔弗雷德的实验室。得知消息后，其他船上的人为了自己的安全，都反对他的行为。

这些人的指责给阿尔弗雷德的研究带来了困扰，为了避开这些人的声讨，他只能选择一再改变船舶的位置，移动地进行自己的研究。这种移动的工厂，不要说是在当时，即便是在现在也是独一无二的了！

每天阿尔弗雷德都要进行硝化甘油的研究与制造，在常人看来这一定是非常枯燥的行为，可是他却干得非常快乐。

显然，上次的爆炸事件注定使阿尔弗雷德得不到大家的理解和支持，所有人都认为硝化甘油是危险品，谁都不愿意购买。

“哦，我的天啊！没人敢使用就意味着我的努力付诸东流了，我一定要赶紧想一个解决的办法才行。”他暗自思忖道。

“怎么办呢？”这一天，他还在为硝化甘油的销路发愁，突然灵光一闪“为什么不做一下宣传呢？让更多的人知道！”

他马上向学者、技术人员、土木业从事者以及军人发出邀请，请他们前来参观自己的示范表演，以下是邀请函的内容：

使用硝化甘油炸药，不但可以提高炸药的威力，更可以提升其安全性。之前很多人对硝化甘油存在着误解，为了证明它的实用性和安全性，我将会进行一次表演示范，特邀请您来观礼。

此致敬礼

阿尔弗雷德·诺贝尔

到了进行表演示范的这一天，尽管很多人都是被动前来，但阿尔弗雷德还是细心地进行自己的表演示范。

首先，他取出一些硝化甘油放置在盘中，接着他用一根木棒点燃硝化甘油，这时的硝化甘油只是燃烧却没有爆炸。接着，阿尔弗雷德熄灭火也同时说道："大家看到了，硝化甘油只会燃烧，并不会遇火产生爆炸！"

话声刚落，他又将烧红的铁棒插入硝化甘油当中，这次的结果跟上次一样，硝化甘油并没有爆炸。只听他说道：

"即便是用灼热的铁棒插入硝化甘油之中，它仍然不会爆炸。以上两个实验足以证明硝化甘油的安全性，但是如果用雷管插入其中，它就成为威力强大的爆炸物了，大家请看！"

说着，阿尔弗雷德用雷管来引爆硝化甘油，为大家进行设计周详的表演实验。亲眼看见这些实验之后，那些受邀者才消除了对硝化甘油的恐惧，接受了硝化甘油。从此，工厂的订单又源源不断。

其实在进行表演性实验的时候，阿尔弗雷德也没有百分之百的信心，要知道这无异于一场冒险，略微闪失便会导致自己性命难保。

在用木棒点燃硝化甘油的时候，若不是他眼疾手快及时熄火，说不定硝化甘油会酿成大祸，进而引发爆炸。

烧得灼热的铁棒插入硝化甘油，并没有引发爆炸，这完全应该感谢幸运之神对他的眷顾。一旦发生爆炸，只那一根铁棒飞起便可以将阿尔弗雷德置于死地。

阿尔弗雷德投入很大的力度去宣传，结果自然是事半功倍，大家开始逐渐接受、了解硝化甘油的实用意义。

“我不必再去流动工厂了！”面对如雪花般的订单，阿尔弗雷德整日奔波希望可以找到足够大的土地建筑工厂。

可是仍旧没人把土地租给他，他们认为：不怕一万就怕万一，万一爆炸了怎么办？

面对地主们的拒绝，阿尔弗雷德也感到十分灰心。可是灰心和抱怨并不能解决问题，于是他决定将目光望向更远的地方。

1865年的春天，阿尔弗雷德来到德国，如法炮制为硝化甘油进行宣传。他在汉堡认识了一位名叫潘德曼的富商和一位名叫威因克拉的企业家，并游说他们跟自己合伙经营硝化甘油工厂。

“我相信阿尔弗雷德研究的硝化甘油炸药有很大的发展空间！”

“我也是这样想的，既然这样我们干脆跟阿尔弗雷德一起经营吧！我来解决资金方面的问题！”

就这样，世界上第一座具有一定规模的硝化甘油公司在德国汉堡成立。这一年的11月8日，工厂正式建立。

工厂建立在位于易北河上游的克鲁格，这里距离汉堡有十公里，工厂四周环绕的围墙足足有四米高。

虽然这座工厂不起眼、非常小，但是它却支配着全世界的火药行业。这座工厂建成后的不久，这条新闻已经传遍世界的大街小巷。

大家都对这个工厂及其所生产的产品感到好奇，但仍然有不少人认为这间工厂非常危险。面对大众的反应，阿尔弗雷德坚信改变大家的观念是当务之急。想要解决这个问题，必须进行全方位的宣传。

因此，阿尔弗雷德便和威因克拉一起来到全国各地区宣传硝化甘油的知识，使大家逐渐接受它。

“大家觉得硝化甘油厉害吧？它爆炸便能产生比黑色火药强几倍的力量呢！”

“如果在岩石中放入黑色火药只是单纯的喷火而已，但是如果将硝化甘油注入其中的话，那可厉害了，整个石头都会被炸得粉碎！”

“你听说是危险品，那么在德国硝化甘油发生过意外吗？”

……

大家你一言我一语地讨论硝化甘油，殊不知正是因为当时的德国正处在寒冬，低温下的硝化甘油并没有发生爆炸。

基于安全着想，将硝化甘油注入小铁罐再装箱，并且在间隔处用硅藻土填充运输，才避免因为晃动产生碰撞。

这些装置在日后竟然成为发明炸药的重要启示，真可谓奇妙啊！

就在阿尔弗雷德极力宣传硝化甘油使其更出名的时候，他的大哥罗伯特想要知道硝化甘油是否会对自己的石油事业有所帮助，便从俄国来到这里。

兄弟久别重逢，自然分外高兴。当罗伯特装了一瓶硝化甘油回到新西兰的基督城做实验回来之后，阿尔弗雷德迫不及待地想知道大哥的实验效果。

“实验的效果自然不错，我甚至得到更多的经验。”

“经验？是怎么一回事啊？”阿尔弗雷德的口气中充满着焦急。

“在前往基督城的那段旅途中，有一段路程没有铁路，因此必须搭乘马车，于是我就将硝化甘油的瓶子放在了马车的行李架子上……”

“哦，天哪！那可太危险了！”

“可不是吗！最糟糕的是，我竟然把这件事忘得干干净净，只顾着和邻座的夫人聊天，直到快到终点的时候，我才发现一路的颠簸导致一个瓶子坏了。”

“那结果呢？”阿尔弗雷德着急地问道。

“硝化甘油从里面漏了出来，沿着车壁一直向下流，竟然流到车轮里面去了。”

“哦，哥哥，光是听着，我已经感觉非常恐惧了，你说这要是着火了可怎么办啊？”

“先不要慌，这还没完呢！当我拿着剩下的硝化甘油做实验的时候，忽然发现里面的硝化甘油已经所剩无几了，当时我很慌乱，要知道参观的人已经到齐了。”

“我赶忙去问旅馆的服务生，你猜结果怎么着？原来他以为那是光亮剂，竟然拿着硝化甘油去擦皮鞋和皮裤了！”

“哦，我的天哪！不要命了吗？”阿尔弗雷德非常恐惧地听着。

“没办法，我只能用仅剩下的那些硝化甘油来进行实验。让工人在巨大的岩石上钻孔，将硝化甘油注入其中并且引发其爆炸。”

“结果呢？成功了吗？”

“结果嘛……”面对着急的阿尔弗雷德，罗伯特拉长了说话的声音，吊足了阿尔弗雷德的胃口，“结果当然非常成功了！那些钻孔的工人小瞧了这些像极了牛奶的东西，甚至取笑我。可谁也没有料想到，引爆硝化甘油之后，不但将石头震得粉碎，空气剧烈流动产生的强风，还把那些没有走远的工人弹到了空中呢！”

“啊？那他们没事吧？”阿尔弗雷德一边关心着实验结果，一边还关心工人的安危。

“当然没事儿啦！那些工人像马戏团的小丑一样，在空中翻了一个筋斗又站回到地上，大家都哈哈大笑了起来！”

“哈哈……不开玩笑地说，那些工人做得确实不错！”

即便是阿尔弗雷德的家人都那样粗心大意，难怪一般的人也要忽略它的危险性了。这也是硝化甘油容易引发意外事故的原因吧！与此同时，来自社会的舆论中出现了大量的批判声音。这是为什么呢？

这要从发生在纽约一家旅馆的爆炸事件说起。一位德国旅客投诉这家纽约旅馆，他要外出之前在服务生那里存放了一个小盒子。服务生并不知道小盒子里面装的是硝化甘油，因此并未对其危险性提高警惕，于是非常随意地将这个装有硝化甘油的小盒子放到了座椅底下。

第二天早晨，这名服务生发现那个小盒子正在冒黄色烟雾，于是惊慌地拿起盒子扔向马路，一瞬间，一场爆炸炸响了平静的清晨。

旅馆周边民房的玻璃都被震碎了，那个小盒子躺在一个被自己炸出的一米深的大坑中。

这件事情自然成为第二天报纸的头版头条，记者们以最醒目的标题和最大的篇幅来报道这个事件，并且将矛头指向硝化甘油。

一波未平，一波又起。1866年的4月3日，一艘名叫“欧洲号”的轮船从亚司宾尔港出发的时候，甲板上的硝化甘油突然爆炸，导致十七人死亡，船身也遭受了严重的破坏。

在寒冷的德国，硝化甘油非常安全，可是在热带地区巴拿马，它的危险性便不容小觑。诸多爆炸事件和问题，使阿尔弗雷德忧心忡忡。

“诺贝尔先生……”一天，他的助手对他说道，“又发生了一件爆炸事件！”

“糟糕，这次是在哪里？”

“在旧金山，一家轮船公司的仓库里，这次事件导致十四人死亡。”

“发生在旧金山？哦，天哪！这次问题可大了！”

“是的，现在民众正在强烈地呼吁大家禁止使用硝化甘油，当地到处都贴着反对的标语呢！”

不久后的一天，澳大利亚的悉尼也发生了由两盒硝化甘油导致的爆炸事件，当地的仓库和附近的建筑物全部被毁坏。

“如果爆炸事件持续下去，那么我们就完了！当务之急是找到应对的措施才行！”就在阿尔弗雷德一筹莫展的时候，1866年5月，位于克鲁伯的工厂也发生了意外的爆炸事件。

面对一个接一个的爆炸事件，世界上的很多国家都先后下令，严禁制造和储存硝化甘油。

听闻各地发生的硝化甘油的爆炸事件，最为震惊的莫过于硝化甘油的发明者沙布利洛了。

“为什么我会发明出这些害人的物品呢？爆炸事件导致一条条鲜活的生命被夺走，我可真后悔啊！”他一直在责备自己发明了硝化甘油。

最先禁止制造和使用硝化甘油的国家是法国和比利时，紧接着瑞典也加入到这个行列中来。至于英国，虽然并没有明文规定严令禁止，但是政府的取缔之严跟禁止没有什么区别。

其余的很多国家也都对硝化甘油实施禁止输送、销售的法规，正是从这个时候开始，硝化甘油成为令世界人民害怕的禁用物品之一。

硝化甘油的受禁，直接导致大家对阿尔弗雷德的责难之声逐渐增多。可是，无论面对什么态势，阿尔弗雷德都不会放弃。

他将自己的研究视角转向安全运输和存放硝化甘油的方向，尝试着用甲醇包裹硝化甘油运输的方法。一旦需要，再蒸发甲醇取用。虽然理论尚可，但是实施起来的结果却不是很理想。

火药工厂再次陷入萧条之后

接二连三的爆炸事件，不但使刚刚获得大众欢迎的硝化甘油

“为什么我会发明出这些害人的物品呢？爆炸事件导致一条条鲜活的生命被夺走，我可真后悔啊！”他一直在责备自己发明了硝化甘油。

被下令禁止制造，更使得诺贝尔火药工厂再次陷入萧条的状态。

“诺贝尔先生，我们的工厂完了吗？”阿尔弗雷德的合伙人威因克拉先生都在忧心忡忡，他们的问句似乎就是一个预言，诺贝尔火药工厂就此要倒闭了。

“不会的，我们的事业还会继续！”阿尔弗雷德非常坚定地说道，“硝化甘油具备非常强大的威力，这并不是一般的爆炸物所能够取代的！”

“你说的没有错，可是现在没有人敢使用硝化甘油啊！”

“所以我们要对它进行改变和包装……”

“包装？”他的合伙人听得一头雾水。

“大众无法接受现在硝化甘油的形态，如果我们改变它的外貌，也许可以给硝化甘油一个新生。”

“那我们应该怎么改变呢？”

“威因克拉先生，我正在研究更加安全的硝化甘油的状态，我一定会成功。请您相信我，我们的事业还有很大的未来！”

“诺贝尔先生真是一位乐天派啊！祝愿你能有成功的那一天！”

这次交谈之后，阿尔弗雷德便投入到解决硝化甘油安全性能这一令人头疼的问题上来。首先要解决的就是运送装置的安全性，他计划用甲醇来保存硝化甘油进行运送，等到需要使用的时候，将甲醇蒸发掉。

“这个烦琐的方法可不行，没人愿意使用这么麻烦的东西，要知道液态炸药太不方便了！”

“或许，我们可以冰冻硝化甘油进行运输。”

“冰冻的话，那在一些稍微炎热的地方是行不通的啊！”

“那是自然，在热一点的地方解冻之后还是液体，稳定性还是很差。”

“如果混合黑火药会怎么样？”这时，阿尔弗雷德的助手提醒道。

“我的父亲曾经这样做过，但是硝化甘油并不容易被黑火药吸收，因此效果不是很理想。”

“可是，硝化甘油一定要和其他的物质混合才能成为固体啊！”

“对！你说的很对，我以前怎么没有想到这一点呢！我们现在试试和其他物质混合硝化甘油，看看效果怎样！”

阿尔弗雷德试着用各种固态物质混合硝化甘油，最初发现硝化甘油混合木屑可以引起爆炸。可是木屑粉并不能非常完全地吸收硝化甘油，因此在一定程度上减低了硝化甘油的爆发力。

接着，他又一次用土、陶器粉来混合硝化甘油，进行各式各样的混合实验，试图从中找到最适合硝化甘油的混合物质。

“木炭粉？我怎么忘记木炭粉了呢！木炭粉能够最大限度地吸收硝化甘油！”

阿尔弗雷德一边苦心研究最为适合硝化甘油的混合物质，另一边还要去美国调查爆炸事件的缘由和影响。为了能尽快查出爆炸原因，他不得不暂时放下工作，并且把他的构思告诉了大哥罗伯特。

在美国调查爆炸的结果的严重程度远远超出阿尔弗雷德的想象，他不禁悲从中来，想起在爆炸事故中丧生的弟弟艾米尔。

“不管怎么样，我都要研究出安全的硝化甘油炸药，否则就会有更多的无辜生命丧命于此！”

在美国的调查告一段落之后，阿尔弗雷德马不停蹄地回到了德国克鲁伯工厂。就在这时，大哥罗伯特给他来了一封信：

> 阿尔弗雷德，用木炭粉混合硝化甘油的构思非常棒，无论是在运输还是使用的过程中，混合木炭粉的硝化甘油都要更安全且方便，最重要的是，没有消减它的威力。我坚信，你日思夜想的研究已经取得了成功！

“原来大哥也在做实验，只是不知道有没有比木炭粉更好的材料呢？”虽然木炭粉混合硝化甘油的构思得到了大哥的支持，但是精益求精的阿尔弗雷德还在思考是否有更好的材料。

就在这时，他突然想到以前有一次搬家，曾经用硅藻土填满装有硝化甘油的缝隙处的事情。

“如果我没记错的话，那一次硅藻土跟渗出的硝化甘油结合形成了一个硬块。或许我应该马上找一些硅藻土试一下跟硝化甘油混合，不知道效果会怎么样？”

阿尔弗雷德马上找来了一些硅藻土混合硝化甘油，没想到这样一种又细又轻的土壤，具有极强的吸附物质的特性。这次的实验，硅藻土和硝化甘油的比例是1∶3，没想到这些硅藻土可以吸附体积是自己三倍的硝化甘油，使其呈现出黏土的状态，而且软硬适中。

“这样的话，硝化甘油就能够被彻底吸收了！”面对这个结果，阿尔弗雷德当然非常开心。

为了契合石洞的形状，阿尔弗雷德将硅藻土和硝化甘油混合成棒状，以便能够顺利插入石洞中，炸裂岩石。

既然提升了硝化甘油的效能，那么对于阿尔弗雷德来说，现在需要做的就是解决它的安全问题。他将黏土块状硝化甘油混合物从高处抛出，结果并没有爆炸。接着，他又将其制成非常小的颗粒，并且在铁板上进行敲击，结果也没有产生爆炸。

“太好了！这样一来的话，安全问题也解决了！”

不过，阿尔弗雷德为了取得更好的结果，找来了一根雷管进行引爆实验，结果是混合了硅藻土的硝化甘油发出了非常小的声音爆裂开来。

“从高处向下抛、敲打它都不会爆炸，只有用雷管引爆才能产生强大的爆炸力，这正是我想要的结果啊！”

他喃喃自语，难掩心中的喜悦之情，并且马上拿来纸笔，将这个成功的实验成果告诉了爸爸、大哥和自己的合伙人威因克拉先生。

自此，固态形式的硝化甘油正式面世了，此后无论是在运输还是在操作的过程中，都以其方便和安全的性能得到了大众的认可和使用。

阿尔弗雷德马上又做了一件事情，就是去申请专利。虽然硝化甘油的安全问题得到了解决，但是他并没有止步于此，他希望从世界各地挖掘更好的硅藻土以提升固态硝化甘油的性能。

经过反复的实验，阿尔弗雷德最终得到结论：当硅藻土和硝化甘油的比例为 1∶3 的时候，混合而得的固态硝化甘油的威力才最强，而且软硬适中。从那时到现在，这种比例仍然被认为是最完美的。

“这么完美的硝化甘油，应该叫什么名字呢？”阿尔弗雷德这样想着，“一定要起一个非常响亮的名字啊！叫什么好呢……固体硝化甘油还是硝酸硅藻土呢？哎呀，都不好，不好听啊！”

“对了，索性叫甘油炸药吧！”

“甘油炸药！甘油炸药！”阿尔弗雷德高兴地念叨了几次这个名字，最后决定就这样，新的炸药被命名了。

为了不再出现纰漏，阿尔弗雷德必须更为谨慎地进行接下来的任何实验。1864年，由硅藻土和硝酸甘油混合而成的新产品申请专利。1866年，这种更加安全和更为强大的产品正式面世。

为什么申请专利到面世之间相隔长达两年的时间呢？这是因为阿尔弗雷德想要进一步证实产品的安全性，确保万无一失才可以面世。

他不再像以前那样，对产品的安全性能掉以轻心了。只有每一次的实验都得到一个答案——安全，才可以应用到世界各地。在新产品面世之后，阿尔弗雷德便开始投入生产并且出售。

这一年的10月，克鲁伯地区组织了一个甘油炸药安全审查委员会，针对阿尔弗雷德所制造和生产的炸药进行审核，主要的方向便是该炸药的安全性和威力。

审查结果毫无悬念，审查人员给予新产品非常高的评价：这是一种成功的产品，无论是在运输还是使用上都不存在任何安全隐患，大众绝对可以放心使用。

面对这个结果，多年来一直埋头研究的阿尔弗雷德终于喜极而泣，这一刻他的生活就像那初升的太阳一样，充满着希望和憧憬。与此同时，产品的需求量非常大，整个工厂每天都在制造产品。

1867年年初，一批来自德国的矿业界人士来到诺贝尔火药工厂，专门前来订购甘油炸药。此时此刻的甘油炸药已经深得全世界矿业界人士的追捧，很多人更喜欢称之为“诺贝尔安全炸药”。

使用甘油炸药开采矿山已经蔚然成风，最重要的是从未发生过任何意外。提高了挖掘矿坑的效率，也提升了矿山业主的利润，没有一个矿山业主不是喜上眉梢。

到了这一年的5月，除了德国，英国也加入订购甘油炸药的行列中来。同年9月，瑞典也开始向他的工厂订购甘油炸药。

“太棒了！连祖国都愿意使用甘油炸药了，我总算是为我的祖国做出一些贡献了！”阿尔弗雷德非常开心，虽然他一直在国外生活和研究，但是他的心从来没有离开过祖国。瑞典使用甘油炸药，可以说是他最为欣慰的事情。

“恭喜您啊！”不仅父亲和哥哥祝贺他，很多朋友都给他写信表示恭喜。

曾经被视作最为可怕的危险品，如今已经成为能够给人类带来福祉的功臣。要问这甘油炸药的用途，可谓非常广泛，除了炸开隧道之外，还可以开发铁路、开山辟地和挖掘运河……简直不胜枚举啊！

随着甘油炸药的运用，采矿的技术也得到了改革。大量埋藏在地下的铁矿得以开采，与此同时很多对人类生活有益的金属也陆续被世人所利用，从而加快了人类前进的步伐。

阿尔弗雷德的火药工厂并没有满足于现有的订单，仍然在不断扩大中。每一年，甘油炸药的生产量都在节节攀高。

1867年，出产十一吨甘油炸药；1868年，出产数量激增至一百八十五吨；1869年，甘油炸药的产量突破四百二十四吨，而后又提升至七百八十五吨……一连串向上攀升的数字，预示着它的产量还会一直上升，果然 1874 年，甘油炸药的产量攀至每年三千一百二十吨。

每一个上升的数字都代表着大众的需求以及阿尔弗雷德的成功，他的声誉也随着甘油炸药的产量一样向上攀升。

虽然，这种新型炸药以迅雷不及掩耳之势惠及世界的每一个角落，但是在它还未如此得到大家的认可之际，却有一段不被认可的历史。

在德国首先向甘油炸药伸出橄榄枝的时候，其他国家基本上都无人问津这种新型炸药。

就在甘油炸药取得专利的那一年，赋予专利的英国却不愿意制造并且使用这种炸药。

“好奇怪啊！给予专利却不准使用，他们到底是怎么想的呢？”

对英国的做法，阿尔弗雷德十分不解，于是决定暗中去调查。经过一番暗访，他才知道其中的症结是一位名叫阿培尔的教授，正是这个人发明了棉火药。其之所以极力反对大众使用甘油炸药，正是害怕自己发明的棉火药受到影响。

既然找到了根由，那么问题就好解决了。阿尔弗雷德决定给英国政府写一封信，在信中他简单叙述了阿培尔教授的错误观念，并且详细阐释了甘油炸药的优秀特性。这才使英国当局知道并且认可甘油炸药，进而投入制造并且使用了。

1871年，英国政府在格拉斯哥设立了英国甘油炸药公司，并且将工厂设立在苏格兰的阿鲁尼亚。现如今，这个火药制造工厂俨然已经成为世界上最大的火药工厂之一了。

离开英国不久之后，阿尔弗雷德来到法国，他希望法国也能够设立火药工厂。他是在1869年的春天抵达巴黎的，早就听闻他伟大成就的巴黎人民都很钦佩阿尔弗雷德，尤其是一位名叫帕鲁·巴布的企业家。

虽然年纪尚轻，但是巴布经营着一间制铁工厂，当得到阿尔弗雷德前来巴黎的消息之后，巴布马上去拜访了他。

“诺贝尔先生，我真是钦佩您取得了这么伟大的研究成就啊！尤其是您之前发明的雷管和这次发明的甘油炸药，都是非常卓著的成功发明，说实话我对这非常感兴趣！”

“谢谢您的赞美和认同，很荣幸认识您！”

“一直以来，我都想在法国建立一间甘油炸药的工厂。”

“哦？”听到这句话，阿尔弗雷德非常开心，“我此次前来正是为了这件事啊！”

“那我们两个真是想到一起去了，看来我们能携手在巴黎开创一番事业了！”

非常投契的两个人马上联合向法国政府提出了申请，希望可以共同在巴黎建一间甘油炸药工厂。但结果出乎大家的料想，法国政府拒绝了两人的申请。这是为什么呢？

原来，在法国火药属于公共事业的范畴，为着眼前的利益，法国政府不愿意民间插手火药的买卖，因此甘油炸药禁止在法国境内生产。

“我相信甘油炸药的安全性能和威力。”巴布这样说道。

“相信我，这对法国来说是一次巨大的损失！”对此，阿尔弗雷德也深表遗憾。

“据我所知德国已经开始生产甘油炸药了，万一德国和法国之间发生战争，法国一定不敌德国。”巴布非常忧虑。

果不其然，不久之后，爆发了历史上著名的“普法战争”，当时的德国（普鲁士王国）因为首先使用甘油炸药，战争开始德军一口气攻破法国许多重要的阵地。即便法军尽力死守，在火力方面始终不敌德军。

在这次战事中，法军参谋长和司令官之间的一段对话很值得玩味。

“德军使用的是什么炸药？威力竟然这样强大，我们根本没有办法对抗。”法军参谋长对司令官这样说道。

“我军火力远远不敌德军，唯有希望能使用性能更高的炸药！”

“性能更高的炸药难道不是棉火药吗？”司令官非常奇怪。

“我们现在使用的正是棉火药，可是要知道它连城墙都无法爆破啊！”

“哦？这是真的？那敌军使用的是什么火药呢？”

“是甘油炸药！”

“我好像听到过这种炸药！”

“那是一位瑞典人阿尔弗雷德以硝化甘油为原料发明的炸药。”

“阿尔弗雷德？为什么我军不生产制造呢？”

“一位叫巴布的商人曾经和阿尔弗雷德一起向政府提出生产申请，但是被政府拒绝了。”

“这是为什么？赶紧去把巴布请到我的司令部来，让他给我讲讲详细的过程，说不定还来得及扭转局势。”

参谋长马上派人去查找巴布的住处，显然司令官已经等不及了。

“找到了没有啊？”

“本来他是在巴黎近郊经营着一间炼铁工厂，可是现在却应召入伍。”

“加快脚步查找！”

参谋长离开司令官办公室不久，又回来了。

“报告司令官，我们已经查到巴布所在部队了！”

“哪儿？”

“都尔要塞。”

“都尔？就是昨天被对方攻陷的都尔？”司令官得到了参谋长肯定的答复之后，“哦，真是太糟糕了！看来已经没有办法了！”

不得不承认，法国军人非常勇猛，尽管他们将自己的生命置之度外，可是在敌军猛烈的火药之下，不得不以投降结束这场战争。

而在都尔被攻陷之后，巴布被德国擒获作为俘虏，战争结束之后被放回法国。

“诺贝尔先生，经历了这次战争，我才真正见识到甘油炸药的威力啊！”见到阿尔弗雷德之后，巴布说了这样一句话。

“你能平安就好！”阿尔弗雷德试着安慰巴布。

“要知道，连要塞防御工事都能瞬间被甘油炸药所瓦解，你不知道有多少士兵横尸战场。”听到这句话，阿尔弗雷德点点头，巴布则继续说道，“那些伤亡士兵的模样，真是惨不忍睹啊！”

听完巴布对这场战争的描述，阿尔弗雷德心里戚戚然。此刻，他的心底浮现出死去弟弟艾米尔的音容笑貌。

“没想到甘油炸药给人类带来了这么多的痛苦啊！”面对残酷的战争，阿尔弗雷德开始深深自责，怀疑自己的发明是否真的那么成功。

“哦，不！诺贝尔先生，请您千万不要这样想，甘油炸药本身是一项非常成功的发明，这毋庸置疑。是战争给人们带来了痛苦，其实只要用得其所，甘油炸药带给人类的益处是非常多的。”

听到巴布这样的话，阿尔弗雷德才心安了一些。法国战败之后，拿破仑三世被俘投降，法兰西第三共和国成立。

为使法国兴盛，新生的共和政府计划寻求工业方面的发展，他们积极推动土木工程和矿山开采等事业。

阿尔弗雷德和巴布赶紧向法国当局申请建立火药工厂，自然是得到了批准，两人携手在法国南部将工厂建立起来。

法国当时是矿山继续要开采、铁路继续要通车，这样的背景自然促使着炸药工厂急速地发展。与此同时，阿尔弗雷德和巴布还在瑞士建了一间炸药工厂。

大规模的生产炸药并且在全世界各个国家得到了广泛的应用，见此情景沙布利洛不再缄默，他于 1873 年在意大利的托斯卡纳建了一间炸药工厂。他也以硅藻土和硝化甘油混合制成火药，命名为“黑色素”进行出售。

在某种程度上来说，许多国家的工业都是以炸药来促进发展的，无论是发达国家还是发展中国家。

人是不满足于现状的动物

阿尔弗雷德所发明的炸药具有强大的威力，因此逐渐受到世界各国的认同。甘油炸药不但可以应用于土木工程、采矿行业以及铁路建设等方面，还可以用于军事技术方面的一些改善。

可是人是不满足于现状的动物，总是希望时常更新自己的创造，尤其是像阿尔弗雷德这样的人。不单是他自己希望刷新自己的创造，那些从事开矿的矿主也希望他能够发明出更高性能的炸药。

于是，阿尔弗雷德又开始投身到自己的研究工作，他认为："甘油炸药是由硝化甘油混合硅藻土所得，硝化甘油自身的威力已经是极限了。"

那应该怎么突破这个极限呢？阿尔弗雷德灵机一闪，突然将视角转向"硅藻土"，即便硅藻土再有吸收能力也只是一种土而已，既不能燃烧更不能爆炸，它的作用只是固定硝化甘油，对爆炸毫无益处。如果，硅藻土能够爆炸，那就会大大提升甘油炸药的威力。

按照这个思路想下去，既然硅藻土不能爆炸，那么什么物质可以爆炸继而代替硅藻土呢？

以前曾经试过黑色火药，它的吸收能力近乎为零，直接不予考虑。于是阿尔弗雷德用木屑粉、硝酸铵混合硝化甘油，即便这三种物质都能完全燃烧，但是其混合物仍然不能取代甘油炸药。

一天，矿工向阿尔弗雷德求助，这个问题给了他启发："诺贝尔先生，您是否可以改良一下包装甘油炸药的包装纸啊？这纸根本包不住里面的甘油，经常渗漏啊！"

诚然，虽然硅藻土可以吸收硝化甘油，但是一旦甘油炸药受到挤压的话，其中的硝化甘油势必会从硅藻土中渗漏出来。这也是一种损失，阿尔弗雷德希望马上可以找到一种更具吸收力的物质替代硅藻土。

1845年，瑞士巴塞大学有一位专门研究各种物质与硝酸混合作用的薛庞教授，在一次实验中，他将棉花放入硫酸和硝酸的混合液中浸泡。第二天当他拿出棉花的时候，发现浸泡一夜的棉花竟然没有溶解的迹象，于是他将这块浸泡过硝酸和硫酸混合液的棉花晒干。

晒干后的棉花比之前硬了一些，薛庞教授用钳子夹起这块棉花，放在酒精灯上燃烧，只听“轰”的一声棉花燃烧了起来。

虽然棉花燃烧了起来，可是奇怪的是并没有烟雾，更没有任何灰烬。这使得薛庞教授非常吃惊，无意中他竟然将棉花制作成无烟火药。就这样，在爆炸的时候没有烟雾的火药棉花就此诞生。

因为火药棉花在爆炸时不产生烟雾，因此很快引起火药公司和政府的注意，要知道无论是大炮还是各种枪械，使用无烟棉花都不会引起敌人的注意，从而在战争中拔得头筹。

在那个年代，机关枪的子弹是由黑色火药制成的，发射之后很容易被敌军侦查到并发现发射的位置，更糟糕的是爆炸时浓浓的烟雾更会给发射造成视觉模糊，使其无法继续瞄准。因此，在那个机关枪完全在战场上普及的年代，机关枪并不算是上等的武器。

无烟火药一经面世，便成为各个国家军部和兵工厂急需的产品，因此很多火药棉花的制造厂在那个时候便先后建立，开始生产无烟火药。

可是这些生产无烟火药的工厂经常发生爆炸事件，很多新建的工厂还未投入使用很长时间，便被爆炸毁于一旦。这源于火药棉本身极具危险性，因此全部火药棉花工厂便纷纷关门大吉。

美国当时有一个名叫美纳尔的医科学生，便利用棉花和硝酸发生的那微小的作用，制作了一种类似火药但很容易溶解酒精和乙醚的药剂。

这种药剂是溶解的液体，将其涂在物体的表面上，液体中的乙醚和酒精会马上挥发，一层薄膜便这样形成在物体的表面，这层薄膜便是硝酸纤维素胶片。

由于美纳尔是一名医科的学生，因此他的这项发现很快就被应用在医学治疗上，这便是创伤膏的由来。

将这种硝酸纤维素涂抹在伤口上，创伤膏的作用便显现出来。美纳尔将这种创伤膏制成水溶液出售，谁知竟非常有销路。

这种液体便叫作“棉胶”，它一直被当作液体创伤膏来使用，甚至可以当作糨糊来使用。

正是这种棉胶，引发了阿尔弗雷德的灵感。一天，他在做实验的时候不小心被玻璃割破了手指头，他马上找来棉胶涂抹在伤口之后，继续进行他的研究。

谁知到了晚上，刚刚躺在床上准备睡觉的阿尔弗雷德竟然被手指上的疼痛弄醒了。

“这是怎么一回事？”

原来，正是其他药物渗透到伤口之上才引发伤口的疼痛的。可是令阿尔弗雷德非常奇怪的是，棉胶还完好无损，那伤口难道是化脓了吗？

他轻轻地将粘在伤口上的棉胶撕下，用水清洗了一下伤口，疼痛减轻了不少。接着他又在伤口上搽上了新的棉胶，伤口便不再像刚才那样疼痛了。当阿尔弗雷德再次躺在床上的时候，不禁思考：

“棉胶还完好无损，那一定是其他的物质进入伤口才导致疼痛的。既然这样的话，在睡觉之前我都做了什么呢？哦，对了！刚才做实验的时候，我摸了硝酸。这么说来，硝酸可以透过胶膜！”

突然间的思考所得，使得阿尔弗雷德睡意毫无，穿着睡衣奔向实验室。

“只要混合硝化甘油和硝酸纤维素就可以了，这二者都是爆炸物，后者是固体，假如混合物能够完全融合，那么一定会产生比甘油炸药更大的威力！”

既然做了大胆的假设，阿尔弗雷德马上投入到实践中去。他取出硝化甘油和棉胶液，分别按照不同的比例进行混合。实验的结果与他构想的完全吻合，在一定比例之下，得到了类似果冻的物质。

他兴奋得大喊大叫，这一次的实验相当顺利，威力非常强大

他兴奋得大喊大叫，这一次的实验相当顺利，威力非常强大的火药在极短的时间便被他发明出来。看着类似果冻物质的炸药静静地躺在盘中，阿尔弗雷德的脸上绽放出笑容，手指上的疼痛早就被他忘到九霄云外了。

的火药在极短的时间便被他发明出来。看着类似果冻物质的炸药静静地躺在盘中，阿尔弗雷德的脸上绽放出笑容，手指上的疼痛早就被他忘到九霄云外了。

阿尔弗雷德为新发明的无烟火药起名“可塑炸药”，这种炸药的威力远远大于甘油炸药，因为其中与硝化甘油混合的成分并非硅藻土，而是硝酸纤维。

甘油炸药中的硅藻土所起到的只是一种吸收的作用，而可塑炸药中的硝酸纤维素却可以保证无论在运输的过程中受到任何挤压，炸药中的硝化甘油绝对不会被离析出来。

“诺贝尔先生，这项发明真是了不起啊！真的希望它赶紧被生产出来，让大家都见识一下吧！”阿尔弗雷德的助手里德·贝克这样说道。

“心急吃不了热豆腐，我还得为二者的混合比例进行一番研究才行！”显然，相对于里德·贝克的急迫，阿尔弗雷德非常慎重，事实也的确如此。

接下来的几天，阿尔弗雷德试做了各种比例之下的硝酸纤维素。即不断调整棉花和硝酸的比例，观察在各种硝化度之下，棉花可以转化为硝酸纤维素的比例，并且观察混合甘油后的效果，加以比对。

以此类推，阿尔弗雷德共制成二百五十种混合物，再对它们进行性能优劣和作用强弱的实验。

他的助手里德·贝克对此非常感兴趣，因此在实验的过程中一直充当一个热心助手的角色。除了协助阿尔弗雷德完成各项实验，他还负责设计和制造所需机械等工作。

阿尔弗雷德新研制成功的火药具有极高的可塑性，因此用途非常广泛，它被制作成包括特技炸药、凝胶炸药以及果冻状炸药在内的各种形状和用途的炸药。

在所有形状的炸药中，果冻状炸药最具安全系数且威力最大，其中硝酸纤维素的比例为7%。这种以硝酸纤维素混合硝化甘油混合而成的炸药，其威力远远大于纯硝化甘油。

一天，阿尔弗雷德的助手里德·贝克向他提问道："诺贝尔先生，既然这种可塑炸药这么厉害，为什么在铁板上敲打它却毫无反应呢？"

"不爆炸才是我要的结果！"阿尔弗雷德这句回答使里德·贝克更加迷惑了，只听阿尔弗雷德接着说，"这样才叫安全呢！"

"哦！那我们创造出成功中的成功发明了！"

"这是什么意思？"这下，换成阿尔弗雷德不明就里了。

"除了安全，这种可塑炸药还不怕水，放在水里也能照常'工作'！"

"对啊！这样一来，我们的炸药还可以捕鱼呢！"

"既然如此，您觉得我们是否可以以渔用炸药来宣传它呢？"

"捕鱼也行，但是我认为它更大的使命是爆破水底的岩石，这可比单纯的捕鱼有意义多了！”

“有道理！”面对阿尔弗雷德更为深远的想法，里德·贝克相形见绌，“您之前发明的甘油炸药用来矿山开采、铁路建设和隧道修筑等工作，如今发明的可塑炸药可以用来建设港湾和完成水底工程，这样一来您的贡献可真是伟大啊！”

可塑炸药是在1878年正式发明的，这是继硝化甘油系列和无烟火药之后，阿尔弗雷德发明的第二个系列火药，旨在为人类谋求更多的利益。

这种炸药可以用纸来包裹，而且更容易塞入岩石中的孔穴中，无论是在使用、运输还是包装上都略有升级，比之甘油炸药，其威力有过之而无不及，这才是可塑炸药最大的优势。

因为这些优势，使得可塑炸药获得诸如矿业和土木业等更多行业的青睐。但是它并非都是优点，可塑炸药还是有一些缺点的，那便是价格。

可塑炸药的价格非常昂贵，可即便如此也不影响它的销量，不久之后这种炸药便在全世界上市，惠及了全世界人民。

诺贝尔家族的生意

父亲伊曼纽尔自从1859年离开俄国之后，阿尔弗雷德的大哥罗伯特和二哥路德维格便依旧留在圣彼得堡。虽然诺贝尔工厂转让给了他人，但是兄弟二人依旧在工厂里做经理和厂长。

阿尔弗雷德的大哥后来与一个芬兰姑娘喜结连理，但是因为芬兰姑娘不适应俄国的生活方式，因此大哥一家离开了俄国去到芬兰的赫尔辛基经商。

罗伯特经营销售陶器和油灯的店铺，石油灯是一件非常普通的照明工具，因此在他的店里不但可以买到油灯，还能买到石油。

可是有一天，一位客人走进了罗伯特的店里，非常生气地对他说：

“没有比你卖的油灯更糟糕的了，不能点燃，而且还很臭！”

“非常对不起！”罗伯特为那位客人换了另外一盏。

送走客人之后，罗伯特仔细地查看客人退回来的那盏灯，这才发现这盏灯里面的油并非原油的精炼品，而是含有很多劣质油。

要知道，罗伯特本身就是一位非常熟练的技师，因此他开始研究这种劣质油的成分，想把它转化成为优质油。

仔细端详着劣质油，罗伯特心里想着：怎样才能将这种油冶炼成为好的灯油呢？或许将这些油蒸馏之后，去除掉里面的沉淀，才能提取里面较轻的一部分吧！就这样，罗伯特成功通过蒸馏手段得到了其中较轻的一部分油。

“虽然较轻的这一部分可以用作灯油，可还是会产生臭的气味和烟，客人仍旧不会满意的，我应该怎么办呢？”一天，罗伯特向自己的妻子征询道。

“或许可以先用硫酸洗一下，然后再使用苏打水洗一洗，最后用水冲掉里面的杂质，通过这三个步骤，一定会得到上等油！”

“理论上是这样的，但是未免也太麻烦了吧！”

“虽然麻烦，可是只有这样才能将劣质油转变为好油啊！”

当罗伯特的店内出售这种油之后，购买到的客人都反映说这种油很好，希望今后一直能够使用这种油。

这样一来，罗伯特购置劣质油，经过一系列的过滤提炼出上等油最后出售，不但没有损失还从中赚取了一定的利润。

说来也奇怪，虽然罗伯特的杂货店出售好的灯油，但是小店生意却不是很红火。为了找到一份更好的工作，罗伯特回到斯德哥尔摩，和父亲、弟弟商量。

那个时候，正是阿尔弗雷德对硝化甘油炸药的研究略有成果之际，因此罗伯特也打算从事这项工作。

回到芬兰，他关闭了杂货店，另外开了一间诺贝尔硝化甘油公司，并且因其娴熟的销售技能，使得硝化甘油一度畅销。只是好景不长，随着爆炸事件接连发生，人们便不再使用硝化甘油了。

“真是倒霉，本来上了轨道的生意就这样泡汤了！”

“我们还会找到其他办法的！”妻子安慰罗伯特道。

“如果你能够适应俄国的生活，我们一定回到圣彼得堡。”

“我看也只有这样了，你也不要担心我！”这个时候，妻子非常赞同这个想法。于是，二人马上动身回到俄国。

一直没有离开圣彼得堡的路德维格，通过自己的努力开了一间机械公司。因为他有着非常过硬的技术经验，加之企业家的精明头脑，因此他的机械公司很快上了轨道。

凭借着从前在父亲的工厂学到的经验，路德维格的机械公司一直从事枪械和大炮的零件制造工作。这个时候，他公司的威名要远远大于父亲的工厂。

罗伯特从芬兰来到俄国，便决定投奔弟弟，希望在弟弟的工厂工作。

“路德维格，没想到你的事业做得这么红火！”

“这说的是哪里的话啊！哥哥如果来的话，那必是锦上添花啊！还希望哥哥以后多帮帮我呢！”路德维格非常谦虚地说道。

“我一定会尽我最大的力量的！”

在路德维格的公司里，罗伯特主要负责材料采购和产品销售这两项工作，因此他需要时常在俄国境内出差。

“大哥，我们公司的枪支订单一直源源不断。虽然制造枪的铁足够，可是匮乏制造枪杆的木材啊！”一天，路德维格说道。

“这种木材很稀缺吗？”罗伯特马上询问到。

“当然，枪杆对木材的要求极高，要非常坚硬、细密，而且略微厚重的胡桃木才可以！”

“这样的话，木坚木不行吗？”

“虽然木坚木的产量足够，但是要想生产的枪支质量好，胡桃木是必不可少的原材料。”

“我来想办法吧！”

“那就麻烦大哥了！”

“你说的这是哪里的话！哪里的胡桃木产量最为丰富？”

“巴库可是全俄国胡桃木产量最高的地方了！”

“高加索山那边？”

“是的，里海沿岸的一带。”

于是，罗伯特马上启程，向着目标——巴库前进。没想到，本是寻找胡桃木的此行却成为改变诺贝尔两兄弟命运的转折点。

来到巴库的罗伯特本想寻找大量胡桃木，却意外地发现了比之更具价值的宝藏——石油。巴库石油产量非常高，这已经不是什么新闻了，这里可谓世界上最早的一处油田。

在古希腊的神话里，普罗米修斯因为盗取火种，而被天神捆绑在高加索山的岩石上，任凭老鹰啄食他的肝脏。他的血汇集于山下，巴库油田便这样形成了。

那个时候，人们并没意识到石油的价值，因此巴库油田并不受世人的重视。俄国人也是从美国人那里输入石油，因此很少有人去开采巴库油田。

在巴库地区寻找胡桃木的罗伯特，发现此地随处可见油井，他对此非常感兴趣，这或许源于他在芬兰精炼石油的缘故，因此对其价值还是有所耳闻的。

“在这个地方到处都有油田，相信这里跟美国的加州一样，地下一定蕴藏着丰富的石油。”这样想的罗伯特回到圣彼得堡之后，便跟路德维格提到此事，他说：

“据我考察，我认为未来巴库一定会成为一个非常大的石油产地，你怎么想？”

“是吗？那我们改天一起去看看吧！”

“如果巴库的地下真的蕴藏着一大片的石油，我们以后就可以一起从事石油事业了！”罗伯特这样建议路德维格。

“这可真是一个好主意啊！如果事实真如大哥所料的话，那么我会放弃现在的工作，投身到石油事业中去。我相信，在不久的将来，石油一定会成为一项不可或缺的重要资源。”

几天之后，兄弟二人便踏上巴库的土地，考察石油工作。1857年，再次来到巴库的罗伯特，购买了一块他认为非常有价值的小油田。

“大哥，这个油井真不错！虽然现在没挖到内层，但我有预感略微深挖一下，就会涌出大量的石油。但是光凭借人力，是远远不够的！”

同大哥罗伯特一样，路德维格也是一位机械师。当他看到工人们手工挖掘石油井的景象，便构想出一套挖井设备的草图，他的目的是挖深的同时还能提高挖井的效率。

这个想法很快便实现了，通过不懈的努力，诺贝尔兄弟开采的石油量不断攀升。大量石油的挖掘，促使两人成立一间石油精炼厂，这又是罗伯特大显身手的时候。

“大哥，你什么时候学会石油精炼的，我怎么一直没听你说过啊？”路德维格好奇地问到。

“我这可算不上精炼法，只是在芬兰开杂货铺的时候，胡乱做出来的东西！”

“你说人生奇妙不？无心插柳柳成荫！”

罗伯特和路德维格两兄弟的石油事业蒸蒸日上，两人不但成为石油巨子，同样奠定了巴库油业的基础。巴库油田丰富的石油开采量，使得俄罗斯成为世界最大的石油出产国之一。

逐渐发展壮大的石油公司

在全公司同事的不懈努力下，使得罗伯特和路德维格共同创立的石油公司逐渐发展扩大。

同样具备发明才能的两兄弟，不但将公司的销售工作搞得风生水起的，还将视线投入到对石油的采掘、运输和精炼等方面。诸多的努力不但促进石油业的发展，更使得诺贝尔石油公司的业务攀向一个个高峰。

“路德维格，虽然石油产量不断攀升，但是如果不想办法将它们运出去，外界一定会因为石油的短缺而产生通货膨胀，这种结果可不是我们所乐见的。”这一天，罗伯特忧心忡忡地对路德维格说道。

“说实话，这点我也考虑过，大哥！你先帮我看看我所设计的车子模型，怎么样？”

说着，路德维格便拿出一个车型蓝本，递给了罗伯特。

“好，那我看看！”

就这样，专门运输石油的“阿尔巴士”便产生了。

兄弟二人在距离巴库十公里的巴拉卡尼，又开辟了一处油田，往返运送工作便交给了“阿尔巴士”，这样一来兄弟二人在石油产业又获得了更高的利润。

“大哥，我们的石油公司经营的一直很顺利，现在已经有了足够的资金，我想再购置一些设备扩大规模，你觉得怎么样？”罗伯特非常赞同路德维格的想法，路德维格便接着说道，“与其靠‘阿尔巴士’运送石油，不如在巴库和巴阿卡尼之间铺设一根油管，你觉得怎么样？”

“油管？”罗伯特不禁大吃一惊，“这个想法不错，可是要知道两地相距十公里呢！”

“我知道，可是大哥你想过吗？一条水沟就可以使水流畅通，石油和水是一样的，我们只要举一反三，就可以省去很多麻烦，这样不好吗？”路德维格坚持自己的想法。

“恩，是这样的！既然如此，那我们就试试看好了！”

就这样，兄弟二人有了一个传送石油更加便利的方法。不只便利，成本也大大降低，从而提升了石油的利润。

“无论从事何种行业，只要多动脑筋，都会成功！”

“大哥，现在又遇见一件麻烦的事情！”一天，路德维格慌慌张张地跟大哥说道。这，又是怎么一回事呢？

原来，自从用输油管运送石油之后，原先从事石油运输的工人失去了原来的工作。没有生活来源的他们，便开始破坏输油管。于是，诺贝尔兄弟无奈之下只好雇佣武装人员来保护输油管的安全。

这样一个小插曲并没有影响到两人的石油事业，那些不道德的破坏者数量不多，因此二人的石油事业仍旧红火。

十年之后的1872年，诺贝尔兄弟的石油公司规模非常庞大，每年出产二十万吨的石油。光在巴库炼油厂，便有二十多个并排的大型储油槽，从远处看这座工厂非常壮观，工厂的员工超过了五千名。

1875年，在写给阿尔弗雷德的一封信当中，路德维格是这样说的：

你的甘油炸药研究取得了非常圆满的结果，我非常替你高兴！

我和大哥罗伯特在这里经营的石油事业也非常顺利，就在前几天罗伯特在邱雷肯岛又发现了一处油田。幸亏大哥对石油精炼非常有办法，想出很多改良的方法。我和大哥都希望你能过来参观我的工厂，我相信你的到来，一定可以给我们的石油事业添砖加瓦！

面对哥哥的邀约，阿尔弗雷德是这样回应的：

真心感谢哥哥的邀请，你们的石油事业取得了这样的结果，我也非常高兴。我十分想去参观一下你们的石油工厂，但是现在我无法离开甘油炸药的研究工作，我看只能过一段时间再说了！

1877年，路德维格来到法国巴黎跟阿尔弗雷德会面，表达自己希望阿尔弗雷德加入他和罗伯特创办的石油事业当中的想法。

因为对石油的兴趣，阿尔弗雷德决定入股诺贝尔石油公司。次年的5月份，诺贝尔兄弟石油公司便成立了。一年后，沙皇投以巨资，使诺贝尔石油公司成为一间资本为三百万卢布的大公司。

自此，阿尔弗雷德不再是一位火药发明家，还是一位石油企业家。

诺贝尔兄弟石油公司扩张速度极快，为了使公司正常运转，兄弟三人负责不同的事务，罗伯特负责巴库油田方面的技术工作、路德维格负责圣彼得堡方面的业务。

可是不幸的是，就在这一年，罗伯特身染重病，自此再也不能像以前那样工作了。

“这可怎么办才好？这么大的一间公司，我自己可怎么承担啊！现在又不能请阿尔弗雷德过来帮忙……”路德维格一边担心大哥的身体，一边还要忧心公司的业务。

正是从这个时候开始，路德维格不得不挑起重担，同时兼顾巴库和圣彼得堡的工作，这使得他的日常生活非常忙碌。但是凭借其惊人的才能，繁复的工作被他打理得井井有条，并且取得了一定的成就。

令路德维格非常兴奋的是，在 1882 年，阿尔弗雷德终于来到了俄国。

“参观了我的石油公司，你对此还满意吧？”路德维格询问道。

“那是当然了，你真是厉害啊！把巴库打造成一个大工业园区，真是令人意外啊！”

“你可说笑了，这哪能和你的炸药发明事业相提并论呢？”

“二哥，你可别谦虚了！巴库成为石油之城，促进俄国和欧洲的工业迅猛发展，这其中可少不了你的努力。一想到这一点，我就为你骄傲！”阿尔弗雷德由衷地说道。

“是吗？你能这么说，我真是高兴啊！”

站在一个发明家兼企业家的立场参观哥哥的工厂和公司，阿尔弗雷德坦白地说出了自己的感受，没有夹杂一丝恭维的意思。而且路德维格也从他的建议中吸取一部分值得采纳的地方，打算用到工厂和公司的运营工作当中去。

路德维格的座右铭便是：无能者，无所求！正是这句座右铭，在他遭遇挫折的时候给予他力量。

这种坚毅的特质，同样可以在诺贝尔其他两兄弟的身上看得见。与此同时，他们还具有一颗朴实的心。他们的母亲卡罗琳娜遗传给他们善良，在他们的人生中都得以体现。而设立诺贝尔奖便足以证明，阿尔弗雷德还具备一种慈爱的精神。我们还可以从路德维格经营企业时的手段和政策上，得到印证。他对工厂和公司的每位员工都非常爱护，所付给的薪水也是同行业中最高的。要知道，在那个年代，劳动力最没有价值。路德维格却能够为员工们安排公休假，让他们有足够的时间进行休闲活动。他还把工作时间缩减为十小时三十分钟。最重要的一点，他从不雇佣未成年儿童为自己工作。

“每一位员工的付出和努力，铸就了公司的繁荣，让大家安心和舒心地工作是我的责任！加之我们的工作的环境非常艰苦，地处远离市中心的荒凉地带，保障大家的衣食住是我的职责所在！因此，为大家提供一个优良的工作环境，是我感谢大家的最好办法！”每每被问及为什么为员工提供这样的工作环境，路德维格总是这样回答。

曾经不被重视的巴库瞬间成为一个繁荣的工业园区，其中诺贝尔兄弟付出的努力和代价是非常巨大的。

有人将这片土地称之为“巴库的绿洲”，诚然，身处一片荒原中，它的突出无愧于这个称号。因为临海，这里的夏季是最佳的避暑胜地，冬天更是另有一番别致的景色。

在诺贝尔公司，一条新的章程获得了员工们的一致青睐，那就是员工们可以随意入股。要知道，这可是当时所有工厂都没有的一条章程啊！

为此，公司内的所有员工无不心生感激，大家对路德维格更加感恩的同时，在工作上付出了更多努力。

就这样，巴库油田的事业版图逐渐扩张。可是厄运不久悄然降临，1883年，一场大的波折降临到诺贝尔兄弟石油公司的身上。当时石油价格非常低廉，因此一场意外给诺贝尔兄弟石油公司带来一大笔损失。

“不好了，董事长！工厂着火了！”一天，一个工人慌慌张张地跑到路德维格办公室报告。

平时并未预估会发生火灾，因此路德维格赶忙跑出去想一探究竟。令他非常无奈的是，一旦石油公司发生火灾，是没有办法救援的。因此路德维格只能在万般无奈的心情下，看着火舌席卷着大家的心血。

“当时真应该加强防火设备才对！”此时的路德维格一直在

默念这句话，并且后悔不已。可是后悔又有什么用呢？就这样，一场大火之下，偌大的石油公司化为灰烬。

屋漏偏逢连夜雨，就在诺贝尔兄弟石油公司遭遇大火之后不久，一艘油轮也被一场大火侵蚀导致沉没。

诺贝尔兄弟石油公司被这两场火灾造成了致命的伤害，想要重整旗鼓势必需要一大笔资金，这钱应该从哪来呢？每天，路德维格都愁眉不展。

正当他一筹莫展之际，阿尔弗雷德的一封来信缓解了燃眉之急：

> 这两场大火虽然令人十分惋惜，但是我相信以你的能力，想要重振工厂往日辉煌也并非难事。这几年来我的炸药事业小有成就，不如就由我来资助你的重建工作吧！

何谓“久旱逢甘露”？阿尔弗雷德的这封信无异于在路德维格干旱的心上，降下了一场瓢泼的甘霖，瞬间使路德维格沉重的心情轻快起来。

有了阿尔弗雷德的资助，没用多长时间，巴库石油工厂又恢复了往日的规模。路德维格不仅在石油事业上取得了卓著的成功，还对高加索地区的铁路建设工作，做出自己应有的贡献。

1888 年，路德维格走完了自己的一生，享年五十七岁。说他是石油产业之父，相信无人敢反驳。他将一生的时间都贡献给石油事业，在历史的年轮上画上浓墨重彩的一笔。

1895 年，回到故乡斯德哥尔摩养病的罗伯特也因病去世，享年六十六岁。

新的发明

一天，阿尔弗雷德对他的助手说：“与其他炸药不同，硝化甘油系列的可塑炸药可能有更为特殊的性能。”

“什么更为特殊的性能呢？”助手问道。

“你看，其他类型的火药都是固体混合物，黑色火药是由硫黄、木炭和硝石混合而成，而甘油炸药则是由硝化甘油完全渗透到硅藻土中而制成的！”

“硝化甘油系列的可塑炸药还加入了木屑……”助手补充道。

“那么硝化甘油系列的可塑炸药有哪些组成成分呢？”

“在硝化甘油中加入微量含有硝酸纤维素的火药棉，便可以制成硝化甘油系列的可塑性炸药。”

“对，它的每一个组成成分的含量都非常平均。”

“是的，这世界上的任何一种炸药，都不可能像这种炸药含量均匀！”

“炸药每一个组成部分的含量均匀，意味着它可以遵循一种速度燃烧。”

“这能用在什么地方呢？”

“要知道，火药不单单可以用在矿石爆破和开凿马路中，还可以应用在更为细小的事物上。”

“您的意思是，假如将这种炸药应用在大炮上，就可以使炮弹按照均匀的速度发射？”看来，助手似乎明白了阿尔弗雷德的话。

“哈哈……你可算想明白了！如果你瞄准远处海面上一艘很远的军舰，炮弹的速度快则意味着它会越过军舰；反之，则炮弹还没有抵达目标便会坠落海底。因此只有使炮弹以准确的速度爆炸，才能正中目标。”

“可是，如果使用黑色火药来发射武器，命中率当然很低啊！”

“对啊！黑色火药只有在短距离的情况下，才可以打中啊！”

“这样说的话，您是想用可塑炸药来作为大炮的发射火药是吗？”

“不！”助手显然没有深得阿尔弗雷德对于可塑炸药的精髓，“虽然可塑炸药具有同速的性能，但是它却不适合被用作发射火药，我们还要进行详细的研究才能挖掘它的用处。”

“诺贝尔先生，从事火药研究，是为了制造武器吗？”

“当然不是！我是坚定的和平主义者，但是依靠我们的嘴完全不能阻止战争，因此只有制造出更强的炸药武器，才能依靠其不可思议的爆炸力阻吓那些挑起战争的人，让他们对发动战争产生恐惧！”

“换句话说，您还想研发威力更加强大的发射型火药了？”

“你说的很对，针对硝化甘油系列的可塑炸药，我还想进行更为深入的研究。”

于是，从硝化甘油系列无烟火药开始着手进行研究的阿尔弗雷德，希望发明出每个部分都能均匀燃烧的火药。

他和自己的助手们共同研发，将硝化甘油和火药棉进行不同分量混合、凝固之后，制作成棒状、板状和颗粒状，以便分别验证它们的爆炸效果和性能。

“当硝化甘油和火药棉比例为 5∶5 的时候，调配最恰当！”

“嗯，是的。但是还要加 10% 的樟脑。”

“樟脑？”助手非常奇怪阿尔弗雷德的这个想法，“那不就像赛璐珞塑料的前身了吗？”

“对啊！其实这就是赛璐珞的一种，因为在硝酸纤维素中增添了硝化甘油的含量，因此点火之后才会非常厉害！”

“您说得很对，这可真是可怕的赛璐珞啊！”

经过多次试验，将棒状的火药点火之后，都可以按照同样的速度进行燃烧。

“诺贝尔先生，这次实验真是完美啊！”助手非常兴奋。

“当然了，完美取得了成功！这种火药不但可以爆炸，将来它的用处可广着呢！”阿尔弗雷德显然也对这次实验非常满意。

“真是让我意想不到啊！”助手感叹道。

“我们马上把它用在大炮上试一下吧！”

说做就做，阿尔弗雷德定制了一款实验性的小型大炮。经过反复实验之后，只要在大炮中装入新制火药，每一次都能精准地命中目标，没有一次失误。

“您的想法果然是正确的，诺贝尔先生。您不但在革新炸药方面取得巨大的成就，还在发射性火药领域进行了一次跨时代的创新！”助手对阿尔弗雷德的钦佩溢于言表。

“看似粗重的大炮，竟然成为如此精密的机械，我们谁都没有想到！”显然，阿尔弗雷德也对自己的杰作非常满意。他接着说道：

“我相信从今往后，战争的形态要改变一下喽！”

“这是什么意思呢？”助手显然不明就里。

“你想啊，以前的炮弹只能向视线范围之内发射，一旦没有瞄准，必须重新调整炮口，比如炮弹落在了目标的前方，那么一定要抬高炮口，大多调了很多次，都没有击中目标对吧？”

“那么新的炮弹呢？”助手点点头之后，向阿尔弗雷德提问道。

“新的火药是塑胶火药，只要能够准确测量出目标的位置，并且调整火药的强弱和方向，略微计算一下便可以命中目标！”

“这样既方便，又避免了不必要的浪费。”助手是这样补充的 。

“还有一点，新型炮弹不但可以命中目光可及的射程，对于那些无法用眼睛看见的目标，使用新型炮弹也能打中。”

“真的吗？”助手非常惊诧。

“那是当然，即便是在地平线那边的敌人或者隔着一座山的目标，新型炮弹都能击中。”看着助手惊愕的目光，阿尔弗雷德继续解释道：

“当然，我所说的‘目力不可及’的地方也不是没有一个大致的方向和位置，想要射中这种目标，我们必须要有一个正确的地理概念，只有找准炮身的角度，才能使射出去的炮弹不会射偏，这样才能命中我们看不见的目标。”

“真的是这样的吗？如果是真的，那么简直太厉害了！可是，诺贝尔先生，你能保证每一次发射都准确无误吗？”

“在不久的未来，这个理想化的态势完全可以得以实现！”

果然，阿尔弗雷德言中了大炮改良的技术，塑胶火药将大炮变成一种精密机械。没过多久，在不可见的敌对双方，可以轻松展开炮击。在海上，即便敌对双方看不见彼此的船舰，只要计算出大致的距离，便可以进行激烈的炮击对抗。

在日后人类登陆月球这一次行动中，也是该技术的飞跃性进步促使。只有保证火药以非常精密的正确性燃烧，方可推动太空

“诺贝尔先生，这次实验真是完美啊！”助手非常兴奋。
“当然了，完美取得了成功！这种火药不但可以爆炸，将来它的用处可广着呢！”阿尔弗雷德显然也对这次实验非常满意。

飞船自由地穿行于星际之间，从而使其抵达目的地，实现前无古人的空间拓展。

靠着火箭内部燃烧产生的极大的冲击力，使得火箭能够成功发射，在这个过程中，强大的气体作用是火箭飞行的动力。

若是燃烧气体喷出的速度不正确，那么火箭自然不能准确发射。我们可以简单地计算一下，火箭飞向月球的时速是11.2千米/秒，每秒之间最大的差异不得超过1米，可想而知其精确度了吧！因此，整个人类文明都离不开阿尔弗雷德的研究。

“哦，诺贝尔先生，这项发明真是令人兴奋，可是您决定怎样命名这项新发明了吗？”助手的这个问题显然给阿尔弗雷德问倒了。

“既然这样的话，您觉得‘诺贝尔火药’这个名字怎么样？”

“嗯，这个名字不错，可是我害怕大家会将它和甘油炸药混淆啊！”

“您说的也很有道理，那叫什么名字好呢？”

一时间，两人相对无语。突然，阿尔弗雷德打破了僵局：

“你觉得‘飞行炮弹’这个名称怎么样？这种无烟火药能够飞行啊，这个名字相当契合它的这个特性了。”

“好啊！”这个名字言简意赅，助手也非常赞同。

就这样，由火药棉和硝化甘油制成的飞行炮弹问世了，当然也有很多人叫它“诺贝尔火药”。

法国陆军总司令："我听说诺贝尔又有新的发明了，你们听说了吗？"

阿尔弗雷德发明新型飞行炮弹的消息很快传到了法国陆军总司令那里，此刻在陆军总司令的办公室中，参谋长被召来问话。

"是的，这个消息千真万确！诺贝尔已经正式公开这种新型炸药了，它叫'飞行炮弹'，是一种适用于大炮的发射火药。"参谋长将他所知的一五一十地报告给总司令。

"威力有多大？"

"我没见过，但是既然出自诺贝尔之手，威力自然不可小觑！"

"那你知道它的成分吗？"

"听说是硝化甘油和火药棉。"

"火药棉？就是那种无烟火药？"参谋长点点头之后，总司令继续追问：

"就是我国以前发明的那种火药？"

"不是完全相同的。"

"我们国家发明的那种火药的效果怎么样？"

"很好！"

"嗯？是吗？既然这样的话，我们国家就不用使用其他国家的人发明的火药了。为了维护我们国家的威信，我们也应该使用由法国发明和制作的火药！"

“是的，司令官说得非常有道理！”

虽然法国军部对阿尔弗雷德新发明的火药有着浓厚的兴趣，但是碍于司令官嫉妒阿尔弗雷德显赫的声望，因此他并没有购买新火药，以免继续抬高阿尔弗雷德的声望。

“报告司令官，诺贝尔可是一位非常厉害的发明家，万一我们的火药并没有他所发明的火药厉害，那可怎么办呢？”

“这个问题嘛！也不是没有可能，既然这样的话，我们便要破坏新火药的生产工作！”

“总司令，那我们应该采取哪些行动呢？”

“你只管等着，我一定会找到机会的！”

阿尔弗雷德哪里想到这方面的事情呢，他依旧沉浸在自己的研究和宣传工作当中。虽然他此时留居法国，但是法国政府显然对他的发明视若无睹。

“法国当局真是愚笨啊！难道他们忘记了那次普法战争的教训了吗？那样惨痛的结果还没有令他们觉醒！”面对法国的蓦然无视，阿尔弗雷德非常失望。

当时，意大利可谓最为重视阿尔弗雷德新发明的国家了，并且采取积极的措施希望与阿尔弗雷德建立商业往来。

“法国忽略我的发明，没关系！只要其他国家重视、承认我的新发明，我就非常满意了。”

于是，阿尔弗雷德欣然接受了意大利当局的要求，将自己的新发明卖给了意大利。很快，这个消息便传到法国陆军司令部的办公室内。

“你们看啊！诺贝尔简直就是一个不折不扣的小人，他在我国做生意，却把这么重要的军事装备卖给了其他国家，成何体统！”陆军总司令非常生气地说。

“可不是嘛！如果我们对他的这种行为不理不顾，那么利益迟早归于他国啊！”

“这样的话，我们必须先下手为强！”

成功购入飞行炮弹的意大利政府，希望可以在意大利境内制造这种火药，于是希望阿尔弗雷德可以出售专利权，并且将制造方法同时交给意大利政府。阿尔弗雷德以五十万里拉作为交换条件，欣然接受了意大利政府的这个要求。

“诺贝尔把火药制造的方法都卖给意大利了？简直太可恶了！快点，赶紧想办法制止他！”得到这个消息的法国陆军司令官马上下令，处理阿尔弗雷德。

“罪名是什么呢？”参谋长询问到。

“以‘违反法国火药公卖法’封闭他的工厂，没收他所有的机械工具！”

“好的！”

第二天早晨，很多警察闯入了诺贝尔工厂的实验室里。

“哦，我的天哪！发生什么事情了？”阿尔弗雷德非常讶异地看着这些警察问道。

“诺贝尔先生，您违反了火药公卖法，我们有权查封您的工厂！”这位警察喃喃地读着查封书上的理由。

“真是笑话！”面对这个理由，阿尔弗雷德勃然大怒，“请问什么叫违反公卖法？一直以来，我都是从事这个行业，我给法国带来了很多利益，现在你们竟然来封闭我的工厂，这跟无理取闹有何区别？”

“诺贝尔先生，请您不要多费口舌了，我们也只是奉上级的命令做事，请您配合！”

说着，警察们就开始执行上级派下的“指令”，阿尔弗雷德一直在提出抗议。

“这可是我私人的研究室，不属于诺贝尔工厂。你们知道吗，你们现在是擅闯民宅，是要负法律责任的，难道你们不害怕违反法律吗？”

然而，面对阿尔弗雷德的抗议，警察们无动于衷、我行我素，夺门而入将实验器具、药品以及小型大炮一律带走。

“岂有此理，你们还有王法吗？竟然捏造一条莫须有的罪名，先是诽谤、诬告我，接着还破坏我的实验室。我告诉你们，这样做不单单是你们，即便是法国政府，日后也要承担非常巨大的损失。这样的国家，我多待一刻都是一种煎熬！”

遭受此次变故的阿尔弗雷德，决定离开住了这么久的法国。

他第一想法是回到家乡瑞典去，可是目前来看意大利的飞行炮弹火药工厂已经竣工，那里需要他。

另外，意大利是一个气候温暖的国家。因此，考虑再三，阿尔弗雷德决定定居意大利。

将实验室剩余的物品简单收拾一下，阿尔弗雷德便启程前往意大利的圣雷莫成立一个新的研究所。

法国的破坏并没有使阿尔弗雷德的飞行炮弹炸药一蹶不振，相反却受到其他国家的认可和重视。1884年，阿尔弗雷德被推举为瑞典皇家科学协会的会员，接着又加入英国伦敦皇家科学协会，之后法国巴黎的技术协会也邀请阿尔弗雷德成为该协会的会员。

从此，阿尔弗雷德便定居意大利。可是令他意外的是，就在定居后不久，飞行炮弹又给他带来一次不愉快的经历。

一天，阿尔弗雷德正在阅读一份英语杂志，突然吃惊地自言自语道："什么？克鲁特炸药是什么？它跟我发明的飞行炮弹不是一样的吗？阿培尔怎么能做出这种行为？"

"阿培尔做什么了？"他的助手询问道。

"这本杂志上报道，阿培尔为火药棉做了特殊的贡献，文章说阿培尔将硝化甘油和火药棉以及少量的凡士林混合，制成了一种可以塑造成各种形状的胶质的炸药。这些都是我老早以前就告诉过他的啊！"

"他们说这些发明都是阿培尔研究的吗？"

“是的！”

“哦，我的天啊！据我所知，您早就与阿培尔先生有来往，还曾经针对火药研究方面交换意见呢！他自然非常清楚飞行炮弹的配方和成分，现在看来他将这些知识产权据为己有，真是太过分了！”

非常气愤的阿尔弗雷德，马上向英国政府提出了控告，说明自己发明的飞行炮弹完全可以包含阿培尔发明的克鲁特炸药。

虽然英国法院受理了该案件，但是当局却拒不承认他的控告，克鲁特炸药竟然成为英国人的发明。

这件事严重打击了阿尔弗雷德的内心，他为此深感痛心。即便是在法国受到了不平等的待遇，也没有对他的声誉造成一丝一毫的损害。

可是现在，他人却能轻易剽窃他用辛勤的汗水换来的发明，试想一下，对于一位科学家来说，这种打击所带来的后果是多么严重！终于因为这次不愉快的事件，阿尔弗雷德病倒了。

在这段极度黑暗的日子里，阿尔弗雷德曾经给住在英国的朋友写信，信里说：

每个人都不应该为了些微不足道的损失小题大做，包括我在内。只要是一个有血有肉的人，无论做了什么错事都是情有可原的，可是一个屹立于世界之林的国家竟然能够如此罔顾道义，真是出乎我的意料！为了这件事，我竟然在法庭上败诉，虽然赔偿了两万八千英镑，但是相对于钱财的损失，我内心深感荒谬！你瞧，我是一个多么可怜的发明家啊！

这封信篇幅不长，但是每一字、每一句都是在诉说阿尔弗雷德的伤心、失望，这种悲伤是没有办法得到平复的。

但是“失之东隅，收之桑榆”，因为他所发明制造的无烟火药拥有极佳的性能，因此包括意大利、德国、奥地利、挪威以及阿尔弗雷德的祖国——瑞典在内的世界很多国家都在竞相使用，这其中还包括英国。

虽然因为飞行炮弹，阿尔弗雷德遭受了很多阻难、横逆，但是也正是因为飞行炮弹，阿尔弗雷德也得到了很多财富。

第三章

博爱情怀

孝顺老人的诺贝尔

我们了解过了阿尔弗雷德伟大发明的事迹，现在让我们将视角转向他的父母和兄长等亲人的情况。

自从 1864 年，那次爆炸事件带走了小儿子的生命之后，阿尔弗雷德的父亲伊曼纽尔的身体一直不是很乐观。

即便是常年卧病在床，他依旧没有失去发明家的个性，每天思索研发新机械。在他的晚年岁月，发明了合板。

父母的身体健康一致萦绕在阿尔弗雷德的心中，尤其是绝不能让年迈的父母在生活费上捉襟见肘。

因此，每个月阿尔弗雷德都把足够的生活费寄给父母，一直到他的父母逝世。

尽管伊曼纽尔的身体状况不是很好，不能每日坚持工作，但是夫妻二人的物质生活并不匮乏。

对于儿子们的成就，父母二人非常满足，经常骄傲地在别人面前提起。尤其是阿尔弗雷德，他们更是以他为傲。

“阿尔弗雷德发明的是甘油炸药……”每次开口夸奖自己的儿子，伊曼纽尔总是用这句话开头。

“哦，老伯！您又来了！”每次听到这句话，大家不用抬头就知道进来的是谁，也常常对他报以莞尔一笑。

“阿尔弗雷德啊，真是一个孝顺的孩子！”母亲也常常夸奖自己的孩子。

“那是当然了！如果不是他一直照顾我们的生活，我们哪能这么安心地度过晚年生活呢？”

每每此时，阿尔弗雷德的父母总是一唱一搭地说着话，好不惬意！

阿尔弗雷德年轻的时候，曾经因为身体羸弱而去到阿尔卑斯山疗养，他发现那里附近的温泉是一个非常适合休养的地方，因此他希望自己的父亲也能搬到温泉旁边，希冀父亲的身体能够早日康复。

因此，他又汇去足够的医疗费用，希望自己的父母能够一起前往温泉地带静养。

除此之外，每到父母的生日和圣诞节，阿尔弗雷德也会回到斯德哥尔摩，陪伴在父母的身边与他们一起庆祝节日的到来。

“你总是挂念我们，真是很难得啊！”

“有你这样的儿子，我们总是快乐并且感激！”

……

父母总是不吝惜自己对阿尔弗雷德的感激之情，言语之间也有着由衷的喜悦。

“我当然惦念你们啊！虽然我平时很忙，总是有做不完的研究等着我，可是只要有时间我一定会抽空来到你们身边，看望你们是我最高兴的事情！”

阿尔弗雷德总是这样回答父母的话。

“可是……”母亲问道，“你一直是孤单一人吗？要找个人照顾你啊！”

面对母亲的关心，阿尔弗雷德非常为难地回答：“当然，我还没有结婚，所以这里是我永远的家。”

在阿尔弗雷德第一次留学巴黎的时候，曾经认识一位美丽的少女，两人坠入爱河。可是天意弄人，少女的生命被无情的病魔夺走。

阿尔弗雷德得到的，只有无尽的悲伤和久久不能忘怀的回忆。正是自那之后，他便对爱情再无心意。

“我说阿尔弗雷德，你是时候找个结婚的对象了！这样一来，才会有人照顾你，我们才会放心！”

“对啊！我们还等着抱孙子呢！”

阿尔弗雷德的父母向他提出了要求，与其是说要求，不如说是对他的关心，希望能有一个善良的人帮助老两口照顾阿尔弗雷德的生活起居。

而每每此时，阿尔弗雷德回报给父母的只是一个浅浅的微笑，只有他自己知道，自己的内心已经心如止水了。

当然，当节日或者是父母的生日到来之际，阿尔弗雷德偶尔也会非常忙碌无暇分身，这样他便不能回到斯德哥尔摩陪伴父母了。每每此时，他一定会准备非常好的礼物，找专人送到父母的身边。

“我们已经收到你送的圣诞礼物和糖果了，真是谢谢你！你母亲非常喜欢你送给她的礼物，也让我谢谢你呢！平安夜，你就别过来了，我们大家一起在分享你送回来的食物！”

……

“我们非常感谢命运的眷顾，有一个像你这样的儿子，一直照顾我们，真是要感恩啊！”

……

1871年圣诞节，父亲给阿尔弗雷德写的信中，满满都是感谢！也正是从这个时候开始，父亲的身体开始一天不如一天。

1868年，瑞典科学院为伊曼纽尔和阿尔弗雷德颁发了亚斯特奖。是在艺术、科学和文学等方面取得一定成就，或者是做了有利于社会的人才会得到亚斯特奖的垂青。那个时候得到这个殊荣，就相当于现如今的诺贝尔奖一样，受到全世界的瞩目。

阿尔弗雷德和父亲获奖的原因，前者制造发明出甘油炸药，后者则是因为在硝化甘油炸药的制作过程中有过重大的贡献。

伊曼纽尔终其一生都在研究发明，因此获得奖项只是对他以往的发明工作进行褒奖和鼓励。他现在已经风烛残年，加之常年卧于病榻，能够获此殊荣已然非常安慰。

1872 年的 9 月 3 日，阿尔弗雷德的父亲伊曼纽尔结束了自己充满发明研究的一生，享年七十一岁。

阿尔弗雷德的父亲过世之后，母亲仍旧留在斯德哥尔摩，过着寂寥的晚年生活。阿尔弗雷德则更加关心母亲的生活，每月都会从巴黎汇钱回家，希望为自己的母亲营造更为舒适的生活，让母亲知道，即便父亲不在了，自己的心仍旧在母亲的身上。

每年母亲的生日，阿尔弗雷德一定会赶回斯德哥尔摩陪母亲一同度过，这是母亲一年中最为快乐的一天。

在她的起居室内，摆满了阿尔弗雷德送给她的礼物。对每一个来到自己房间的人，她总要说这样一句话：

“这些是阿尔弗雷德送给我的礼物！”

言语之间，高兴溢于言表，也透露出心满意足。而每一个走进房间的客人，对业已扬名世界的阿尔弗雷德送的礼物感到好奇。

每年母亲的生日，阿尔弗雷德一定会赶回斯德哥尔摩陪母亲一同度过，这是母亲一年中最为快乐的一天。

有的时候，母亲也会闲来无事，从斯德哥尔摩来到巴黎看望阿尔弗雷德。可是一来自己年迈，二来也害怕打扰阿尔弗雷德的工作，她并不常常去巴黎。

如果你问什么事情是阿尔弗雷德的母亲在晚年时最为感兴趣的事情？那非参加慈善工作，来帮助那些穷苦的人莫属了。

每次收到阿尔弗雷德从巴黎汇来的生活费，她总要拿出一部分捐给慈善机构，这件小小的事情能够给予她极大的满足感。

“世界上有那么多值得同情和帮助的可怜人，这个月我已经花去大部分的生活费，现在已经没有什么存款了！”

在母亲写给阿尔弗雷德的信中，她是这样说的。阿尔弗雷德也希望自己的母亲能够有一个充实的晚年，因此非常鼓励母亲的这一善举：

“母亲正在做的这件非常有意义的事情，真是让我欣慰，您就像帮助我们一样去帮助那些可怜的人！”

在自己的丈夫——伊曼纽尔过世的十七年间，阿尔弗雷德的母亲卡罗琳娜女士过着安详的晚年生活。在1889年的12月7日，她与世长辞。

可以说卡罗琳娜是没有任何挂念离开这个人世的，自己的儿子阿尔弗雷德是扬名世界的发明家，其他的孩子也是企业家。

虽然卡罗琳娜过着富足的生活，但是她却一点也不奢侈，除了生活所需以及帮助他人，其他的钱都被她存进了银行，在她去世之后，银行的户头还有 84 万克朗的存款。

阿尔弗雷德将这笔钱以母亲的名义捐给了瑞典的学校和慈善机构，希望可以像妈妈在世那样帮助更多的穷苦人。也正是受到母亲的影响，日后阿尔弗雷德创办了诺贝尔基金，一直影响着后人。

资助穷人

有人说阿尔弗雷德·诺贝尔是一个性情乖戾的人，但是我们并不能因此就判断诺贝尔讨厌与他人相处。但是，凡是具有超人能力的人，似乎都被人们贴上一些异于常人的标签。

虽然阿尔弗雷德的卓越才能一直被他人赋予很高的评价，但是人们似乎对他都有一丝隔膜，即便有幸共处时也显得那么的拘束。

阿尔弗雷德喜欢独自完成每一项发明研究，他总是不能完全信任他人经手的实验。正是源于此，当实验室中充满了很多人的时候，他的情绪就会受到影响而显得暴躁。这似乎就是为什么大家都会以为他性情孤僻，更有甚者认为他就是一个讨厌与人共处的怪物。

当阿尔弗雷德迈过不惑之年之际，雇佣了一位名叫贝尔塔的秘书，在与这位秘书共事期间，阿尔弗雷德内心的和平主义被唤醒，间接地促使他日后创立诺贝尔奖。

贝尔塔女士后来成为雷多纳夫人，曾留下这样一段描述：

“报纸上人事栏中经常有招聘秘书的启事，因为看见了这样的启事，我才有幸成为诺贝尔先生的秘书，那是‘老主人’招聘女秘书的启事……”

“看了这样一则广告，我想这位‘老主人’一定是一位白发苍苍的老人，可是当我看见诺贝尔先生的时候，我才发现我被骗了。对方竟然还是一个四十多岁的中年人，这太令我惊讶了！从这一点，我就断定，诺贝尔先生的性格略显怪异。”

“他身材并不很高，皮肤有一些黑，即便第一眼看到他都会因为他英俊的外表给他好的印象，但是那股异于常人的气质还是会扑面而来。”

“在交谈的过程中我发现，虽然诺贝尔先生并不是特别开朗，但是从他蓝色的眼睛中流露出了极大的热忱，给我非常真诚和温和的感觉。”

“他的声音非常低沉，甚至略显哀伤。我想很多人之所以认为他不好相处，也许是因为在他的言语中充满了讽刺的意味吧！”

“在巴黎的一个旅馆中，我第一次见到了诺贝尔先生。因为我们见面之前有过一些书信的往来，因此第一次见面也毫无陌生之感。看得出他是一个知识非常渊博的人，我们说了很多有趣的事情，这也能从他对工作的态度中窥见一斑。”

“诺贝尔先生头脑聪明，反应也很快，相处久了诺贝尔先生还流露出了幽默的一面来。虽然他是一位科学家，但是在他的知识储备中还充满了哲学知识。他平时喜欢看一些哲学书籍，因此他的人生观非常独到。”

“即便在他的性格中有风趣的一面，但是有时忧郁的神色也会显现在他的脸上，看到这样一丝忧郁的神色自然会被他人认为他不喜欢人群了，这是大众对诺贝尔先生的一种误解。每每此时，他更显寂寥了，因为没人会主动找他聊天。”

“我不知道，诺贝尔先生为什么有这么深厚的内涵和教养，但看起来他就是一个百事通，没有他不知道的事情。”

“虽然他的家乡是瑞典，但是他还通晓俄语，甚至说得像母语那么好，写起来也非常流畅。除了俄语，包括英语、法语和德语在内的很多国家的语言，诺贝尔先生都能说写自如。”

“在我眼里，诺贝尔先生就是这样一个知识渊博的人。他闻名于世的发明才能，也不是三言两语可以说尽的。”

在听到他人对自己评价的时候，阿尔弗雷德也会自揄道：

“有人说我不喜欢他人，对人没有诚意，谁爱说就说吧！我看那些人无非就是无聊至极，只喜欢卖弄口舌罢了！我倒是很喜欢说我喜欢哲学多于吃饭的人，因为他们说的都是事实！”

也有很多人称赞他在语言方面的才能：

“诺贝尔先生，坊间一直在称赞，除了发明方面的才能，您还有很好的语言方面造诣。请问您，通晓几个国家的语言呢？”

听到这个问题，阿尔弗雷德笑了一下，回答道：

“我自认为英语稍差，其他国家的语言还算尚可。对话能力还可以，书写方面因为有打字机，所以给我带来很大的方便！”

“我可听说您通晓很多国家的语言呢，请问这是真的吗？”

“哈哈……”阿尔弗雷德说道：

“我不愿意告诉别人我不会，所以不管是好是坏，我都会胡说一通，只要大家能忍受就行了！”

这些话看起来只是阿尔弗雷德的自谦之词，但是我们似乎依旧能透过这句话感受到他的自信。他的一位助手曾经说过：

“大家大多认为诺贝尔先生不喜欢跟别人相处，可事实恰恰与大家的想法南辕北辙，其实他非常喜欢站在他人的角度为大家着想。”

“我以前是诺贝尔先生的秘书，但是我的工作能力不是很强。我非常喜欢化学，基于这个原因，我经常跑到实验室去看诺贝尔先生做实验，因此我不能恪尽职守。要是换作他人，一定会把我辞退的，但是诺贝尔先生却把我调到了实验室，让我有更多的机会去投入到实验当中去。”

“即便投身到我喜欢的实验室中去，我也不能缜密地完成实验，诺贝尔先生不但没有训斥我的愚蠢，还帮助我检查每个环节的疏漏。”

“很多人都说诺贝尔先生讨厌别人，但是我要告诉大家的是，在我眼里的诺贝尔先生不但不会这样做，而且还是一个非常有人情味的老板。”

从这位在阿尔弗雷德身边工作过的人口中，我们看出他对阿尔弗雷德的敬佩和感激之情。说起阿尔弗雷德的人情味，似乎全部来源于他的母亲。像他的母亲一样，他经常慷慨地将自己的财产捐助给慈善事业，很多穷人都得到过他的接济。

他曾经的秘书、后来的雷多纳夫人在日后提倡世界和平，她积极地投身到宣传和平主义的阵营，也曾经向阿尔弗雷德筹募善款。阿尔弗雷德说：

“在我眼里，并不能用宣传来达到世界和平的目的！”

虽然他的观点并不是非常“友好”，但他仍旧慷慨地捐出很多钱，希望可以帮助别人。

阿尔弗雷德不善于交际，他宁愿自己一个人待在实验室里研究发明，也不愿意出去应酬。可是，这并不意味着他不能友好和诚恳地待人接物，这一观点有非常充足的佐证。

一个晴朗的下午，一辆豪华的马车在巴黎市区的林荫大道上徐徐前行，在一个街角戛然而止。一位瘦小的老头从车里走出来，他穿着一件古式的黑色西装，领口上整齐的蝴蝶结标志着他绅士的风范，头顶上飘着些许白发。

是的，这个人就是阿尔弗雷德·诺贝尔先生。他拄着拐杖，漫步在人行道上。在这样一个晴朗的午后，道路两侧的树影婆娑，风儿袭来发出窸窸窣窣的声音，为什么阿尔弗雷德要选择一个人缓步前行呢？

原来，秘密就藏在他穿着的那件黑色西装口袋中。一封少女的来信，正静悄悄地躺在他黑色西装的口袋中。

“我不知道应该怎样表达我心中对您的感激，正是您，伟大的诺贝尔先生使我重见光明，可以生存在灿烂的阳光下。恳请您，今后不要再为我挂怀了。当然，如果您恰巧途径索里普街的话，可以到我的店里坐一会儿，哪怕只是说一声‘你好’，我就非常心满意足！”

这封信的作者是一位瑞典少女，阿尔弗雷德曾经帮助她。这位少女没有父亲，除了她，她的其他家庭成员都无法谋生。基于对这位少女的同情和爱护，阿尔弗雷德除给她金钱之外，还帮她找到了工作，虽然只是在一个店铺里当店员，也算是帮助这位少女一个大忙了。

这位少女在异乡找到了犹如亲人般的关爱，自然难掩内心的感激之情，因此才给阿尔弗雷德写下了这一封言辞恳切的感谢信。没有想到，被外界误认为非常厌恶与他人交往的阿尔弗雷德看完这封信之后，竟然潸然泪下。

“哦，天哪！这真的是一个非常可怜的孩子啊，不但缺少亲情还无人照料。假如我去看一下她，那么她一定会非常非常开心！”

这只是一个转瞬即逝的念头，可是却被阿尔弗雷德付诸实践了。他马上坐上马车，来到了索里普街——这位姑娘工作的店铺所在的街道。可是他却让马车停在了距离店铺还有一段路程的地方，这是为什么呢？

“虽然我去看这位姑娘，她会非常开心，但是她在信中说道哪怕只是碰巧去看一下她，如果我乘坐马车前往，一定会给她一种我是特意的感觉。所以，为了避免让她产生不安，我还是走一段路程吧！”

正是源于这个念头，阿尔弗雷德让车夫将车停在街头，自己悠闲地踱着步走在林荫大道上，为的正是不要给那位姑娘压力。当来到那位姑娘工作的店铺，阿尔弗雷德停下脚步，脱下了黑色的呢帽，推开门向里面打了一声招呼。

他的声音刚刚落下，店里马上飞奔出一个像小鸟一般轻盈的姑娘，喜悦地喊道：

“哦，天哪！我没看错吧！是诺贝尔先生！”

阿尔弗雷德的出现，自然让这位姑娘非常兴奋，甚至到了不知所措的地步。等她定了一下神，才开始与这位自己内心一直敬仰的长辈开始聊天。

听到乡音的阿尔弗雷德自然也非常高兴：

“我看你这样快乐，也就放心了！但是你也要多保重，好好照顾自己！以后我还会来的，每每路过这个地方，一定会进来看看你，跟你聊聊天！”

“那我们就说好了，您可一定要常来啊！”

这位姑娘满意地笑了。

结束了这段旅程，阿尔弗雷德拄着拐杖，出了店铺的大门走向街道上了马车，马车带着他渐渐地消失在街道的尽头。第二天，他就收到了一封信。

“虽然您答应会过来看我，但是我一直认为那是一种奢望，没想到昨天这个奢望成真了！您知道吗？直到现在，我还沉浸在您昨天看望我的喜悦当中。昨天，看到您，光顾着高兴了，很多心里话都没有说出口。”

“我希望，尽我自己所能为您做一些事情，哪怕是非常微小的事情也可以！只要是您需要我的地方，我非常乐意为您效劳！哪怕是赴汤蹈火，我也在所不辞！”

“因为，在这个世界上，除了我的父母和弟弟马克之外，您就是我唯一的亲人!”

这份非常真挚的交流，拉近了同为瑞典老乡的发明家和穷困少女之间的距离。两人之间，产生了浓厚的友情，逐渐地两人演变为忘年交。自此之后，在这位少女打工的店铺，客人常常可以看到阿尔弗雷德的身影。

阿尔弗雷德从不吝惜自己对他人的救助，他桌子上长年累积的一沓沓感谢信就是最好的见证。每封信上都诉说着对阿尔弗雷德的感谢，同时也为阿尔弗雷德驱散了寂寥的日子。

阿尔弗雷德的慷慨逐渐传遍了巴黎的很多角落，因此很多穷人都来到他的府上寻求帮助，而阿尔弗雷德并没有感到厌烦，反而会尽自己最大的努力去帮助他们！

可是时间长了之后，来寻求救济的贫苦百姓越来越多，这使得阿尔弗雷德非常为难。他将这件事写进了给哥哥的信中：

“平均每天我会收到二十余封求助信，假设一天我要支付两万克朗的救济费，一年下来可就是七百万克朗，长此以往，即便是世界首富也会受不了吧！”

话虽如此，但是阿尔弗雷德并没有因此停下帮助穷苦人的脚步，可是令他伤心的事情还是发生了，因为他发现在这些贫苦百姓中有一些“滥竽充数”的人——诈骗钱财之徒。

这些人的出现使阿尔弗雷德认识到人类黑暗的一面，他为此感到羞愧、愤怒和厌恶。

他时常自己一个人进行短距离的出游，也只有这个时候，他才能远离欺骗的尘嚣。当他善良的内心被欺骗蒙羞之时，远离人群是他唯一寻求安宁的办法。

现在，让我们将视角转向贝尔塔女士身上。她对阿尔弗雷德的一生起着非常重要的作用，这是为什么呢？

假如阿尔弗雷德没有这位能干的秘书，终其一生无非也就是一个火药发明家或者是商人罢了。而日后，阿尔弗雷德创办诺贝尔奖，正是被这位贝尔塔女士所影响的。

贝尔塔·金丝姬生于一个没落的贵族家庭，她的家乡是维也纳。虽然她的家族没落，却并没有夺走她充盈的才能和高尚的家教，她非常有礼貌、优雅，此外还精通很多国家的语言。

1873 年，贝尔塔女士在奥地利的雷多纳贵族家庭担任家庭教师。在此期间，他与雷多纳家族的儿子阿萨坠入爱河。可是这段感情受到了雷多纳夫人的极力反对，最后无疾而终。情伤所致，她毅然决然地离去了，这才给她与阿尔弗雷德的结识埋下伏笔。

一天，报纸上刊登的一条“巴黎有教养的老主人，诚聘精通外语女秘书兼管家”的招聘启事，引起了她的注意，她马上前往应聘。

令她喜出望外的是，没过多久她便收到了录取通知，通知的人是“阿尔弗雷德·诺贝尔？很熟悉的名字啊！”

“难道你忘了，这个人就是炸药发明人啊！”

她的朋友提醒了她。

“什么？炸药？”贝尔塔非常担忧地喊道：

“那这个人说不定会很可怕啊！”

“你可以先去跟他见上一面，大致做个了解再做定夺啊！他是发明炸药不假，但这并不意味着他就是一个非常可怕的人啊！”

我们已经在前面了解贝尔塔和阿尔弗雷德初次会面的场景，阿尔弗雷德并不像招聘启事中说的那样——老主人，而是一位刚刚四十出头的中年人，而彼时的贝尔塔也才刚刚三十三岁。

贝尔塔的教养、优雅和丰富的知识储备得到阿尔弗雷德的钦佩，因此他当即决定录用她做自己的秘书。受雇之后，贝尔塔是这样向自己的朋友描述阿尔弗雷德这个人的：

“诺贝尔先生住在巴黎一栋非常豪华的别墅里，看得出来，他非常富有。他是典型的独身主义，自己所有的生活起居都不受他人的干涉。”

“家中的所有陈设都是最上乘的，富丽堂皇的家具和所有装潢，包括厨房设备在内都是一级的。更为奢侈的是，他聘用了一流的厨师。”

“像他这么富有的人，自然要铺张一些，这本无可厚非！他的马车也极尽奢华，还配备了俊美的宝马。要知道，他经常一个人独自出游。”

“虽然在出行的时候，他不喜欢有人相伴。但是在创作诗歌和小说方面，他知道如果不与外界交流，就会显得孤陋寡闻，因此每每此时他都会找几个好友一起聊天。但凡城中有文学家的聚会，他也一定会前往。”

“他经常跟我探讨文学方面的知识，我也是在交谈的过程中了解到他非常喜欢雪莱的才华，雪莱的和平主义给他深深的影响。”

“可是令我费解的是，提倡和平主义的诺贝尔先生为什么会从事与之南辕北辙的事业——火药制造呢？”

“就这个疑问，我也曾向他提问，他给我的答案却非常玄妙，他说：‘你以后，自然会明白的！’”

贝尔塔非常喜欢这个工作，因为她从这项工作中体会到了快乐。

即便她离开了雷多纳家族，但是却仍然与阿萨保持密切的书信往来，直到收到阿萨向她提出结婚的要求，她才离开阿尔弗雷德，成为贝尔塔·雷多纳夫人。

婚后，贝尔塔跟随丈夫前往高加索定居，这个时候恰逢俄国正在与土耳其展开激烈的战争。

亲身经历过残酷和无情的战争，使得贝尔塔更加体会到，全人类共同的职责便是消灭战争。

她的丈夫阿萨是一位卓越的战地记者，而贝尔塔则更加擅长写小说，随着作品的相继发表，夫妻二人的知名度也在逐渐提高。

从创作中，贝尔塔联想到可以通过自己的笔触来倡导和平运动，于是她将阿尔弗雷德视作资助和平事业的第一人选。

“虽然诺贝尔先生的性格有一些古怪，但这并不妨碍他成为一位伟人。极具人情味的他，又是一位成功的企业家。假如他可以为和平运动贡献力量，那么一定会取得事半功倍的效果。”

“既然这样的话，那么就将诺贝尔先生邀请到和平运动的行列中来吧！”

想到这里，贝尔塔·雷多纳夫人便开始通过书信和阿尔弗雷德交换意见。阿尔弗雷德非常赞同贝尔塔的观点，可是却没有参加到和平运动中来的打算。

当时在伦敦有一个“国际和平调理协会”，正热烈展开和平运动的雷多纳夫妇得知这个消息之后，毅然决然地加入到这个协会当中。

可是阿尔弗雷德并不想参与任何和平运动，他的想法是：“我一定要发明出足以遏制战争的强大火药！”

虽然如此，他仍然非常钦佩贝尔塔女士的行为。这位女士认为，通过小说来暴露战争的悲惨事实，是她当时做的最具有意义的事情。因此，她开始多方搜集资料，完善自己的创作素材。

为此，她不但翻阅相关书籍，还到处采访亲历战争者的感受。经过多方面的综合摘录，她完成了《丢下武器》这本旷世奇作。

这个作品出版之后，非常畅销，贝尔塔也因此名声大噪。这本小说将战争的丑恶和罪孽剖白给世人，小说还被翻译成十二个国家的语言，遍及世界各地。

贝尔塔创作的这本写实小说还得到了大文豪托尔斯泰的赞扬，在他看来《汤姆叔叔的小屋》揭发的是奴隶制度的阴影，而贝尔塔的作品则是将罪恶的战争淋漓尽致地展现在世人的面前。

当贝尔塔将这本小说赠给阿尔弗雷德阅读之后，他非常感动。正是这个契机，促使阿尔弗雷德对贝尔塔所提倡的和平主义有了更进一步的了解。

不久之后，贝尔塔的和平会议将在瑞士的首都伯尔尼召开，她特意写信给阿尔弗雷德邀请其参加，后者欣然前往。

抵达伯尔尼之后，阿尔弗雷德被瑞士的美景所吸引，这里似乎是最适合召开和平会议的地方。

可是出人意料的是，阿尔弗雷德只是单纯地欣赏了一下瑞士的美景，却并未出席贝尔塔召开的和平会议。但是这却并不意味着他不关心这次会议的内容，在会后他详细地阅读了会议记录和报告。

他找到贝尔塔，向其剖白道：

“我之前的观点似乎略有偏差，我认为只有炸药才能阻止战火的蔓延。事实上，无论多么可怕的武器都不能达到世界和平的理想。只有像你这样有远大的理想的人，才能带领全人类走向和平。”

“诺贝尔先生，我这次召开和平会议的最大收获就是使您对和平有了新的认识。这也促使我，哦不！是我们努力向前再迈一步！”

此时，贝尔塔非常高兴。

“既然这样的话，我愿意献身和平。希望您不吝赐教，让我可以做出更加有意义的事情。”

就是从这个时候起，一个尚未成型却处在萌芽期的构想已经充盈在阿尔弗雷德的脑海中，他决定要将自己的财产留给那些为和平贡献力量的人。

“这不正是我一直追求的和平事业吗？同时，还能弥补对于那些伤亡者造成的伤害。”

在他的遗嘱中，有一项关于这件事情的交代。1896 年，阿尔弗雷德·诺贝尔心脏衰竭，处于弥留之际。他曾经写信给贝尔塔：

“一直关注你的和平事业，现在发现进展神速，我正在为你振臂高呼，祝愿你早日达成所愿！”

我们可以看到，是贝尔塔在无形中推动着阿尔弗雷德成立诺贝尔奖的。就这样，贝尔塔在 1905 年获得了诺贝尔和平奖的殊荣。

从小就喜欢文学

我们知道，阿尔弗雷德从小就喜欢文学，即便是在忙碌的工作中，也不忘抽出时间阅读小说和诗歌。

你可能会奇怪，文学和科学向来是两项并不搭界的领域，但实际情况却并非如此。纵观历史，同时在文学和科学这两个领域兼有造诣的人不在少数。

来自德国的歌德就是一位伟大的文学家，但你可能不知道的是，他还精通色彩学和植物学。

要知道，文学家特有的想象力，是在科学发明中的神秘武器。而科学家敏锐的洞察力，也能够为文学创作积累宝贵的灵感。

在各个领域均有造诣的阿尔弗雷德，将其对文学的幻想投射到对发明的构想中。雪莱，影响着阿尔弗雷德的少年时代，受到雪莱的熏陶，他的内心期盼和平。

除了发明家，成为文学家也是阿尔弗雷德的一个愿望，因此他在研究工作之余，积极地汲取其他国家的文学知识。

这也是诺贝尔奖设立文学奖的原因，因为他认为在人类世界中，文学和科学具有同等重要的地位。

阿尔弗雷德的一生接触过很多文豪。他也读过很多文学作家的作品，除了雪莱，他还非常欣赏莫泊桑的作品，也曾赞赏易卜生可以将童话故事融入戏剧中的写作手法。

晚年的阿尔弗雷德深受贝尔塔的影响，开始与法国大文豪雨果产生了一些思想上的碰撞。

也许说出来你不会相信，阿尔弗雷德也曾醉心于小说创作，少年时代的阿尔弗雷德就曾经创作过诗歌，三十岁的阿尔弗雷德完成了一部名叫《兄弟》的小说。

目睹俄国战争之后，有感于俄国虚无党的胡作非为，他创作了《非洲的光明时代》这部历史小说。

中年的阿尔弗雷德将全部精力投身到发明当中，无心写作。直到晚年时光，尤其是久病在床的那段岁月，他才重新开始写作，创作了很多文学作品。

1895年，阿尔弗雷德用英文创作了一部喜剧——《专利病菌》，又在1896年，创作了一部名叫《报应》的悲剧。

据说，这两本都是非常成功的小说剧本，在发明上极具创意的阿尔弗雷德在文学创作上也有自己的独到之处。这位表面上与人群绝缘的孤僻发明家，却对人性有着非常深刻的了解。

正是因为深谙人性，阿尔弗雷德才能奋斗不止，拥有非常辉煌的事业。假若单单仰仗发明的才能，他是不可能取得如此成功的人生的。

宗教是否有益于和平呢

阿尔弗雷德曾经进行过这样的自我检讨：

“只要战争还存在，大家就会认为我是依靠战争敛财的投机分子。要想连根拔起战争，必须在人们的心中播撒和平的种子。这样的话，宗教是否有益于和平呢？”

阿尔弗雷德转移自己的视角，将其对准宗教。圣彼得堡是基督教、东正教的中心地带，自小成长于俄国的阿尔弗雷德非常了解俄国信奉的东正教。

在他看来，东正教的宗义并不能达到和平的理想境界。源于此，阿尔弗雷德将东正教逐出自己的思想领域。

他思考着：“究竟是什么宗教，才是和平的基石呢？”

当时的瑞典非常盛行基督新教，而且阿尔弗雷德非常喜欢的作家雪莱也是一位新教信徒，但是阿尔弗雷德却没有在新教的宗旨中找到与和平契合的部分。在研究的过程中，他发现雪莱的理想主义与过去的宗教信条中存在很大的差异。他曾经自问：

“宗教的力量真的可以解决和平问题吗？”

正是因为对宗教一直存疑，因此很多人认为阿尔弗雷德是一个无神论者。事实上，在阿尔弗雷德的知识储备中，对宗教有着自己的观点。

他的观点是：

“好的宗教是一种无形的力量，它留存于每个国家和民族里。每当我思考的时候，都能感受到一股力量在支持我。世事变迁，人类的文明和社会的发展一直在进行着，似乎总有一种力量在支配着这些变化。这样看来，好的宗教是促进和平的力量！”

既然这样的话，那么哪一种宗教才是最完美的呢？而且文明国家怎样利用宗教来创立一个更为和平的世界呢？

每天，阿尔弗雷德都纠结于这个问题。而事实上，世界上有着很多烦琐分类的宗教。

阿尔弗雷德接下来马上对各派宗教进行精细的研究，他发现：

“每一派宗教都有非常深远的教义，都在规劝人类远离邪恶，趋近善良。而每一个国家、民族也分别拥有笃信的宗教。既然这样，那么为什么战争从未停歇呢？”

经过一番研究，他终于得出结论：

“每一个民族都坚信，自己民族所崇拜的那个神才是主宰整个宇宙最高的神，因此他们蔑视其他的宗教，长此以往便会不断发生争执和排挤，世界和平因此而被破坏。每一个民族都有自己信奉的神，这就意味着每个民族都不可能接受其他民族的主宰。因为宗教，每个民族产生的互相排挤，这种行为是决不可提倡的！”

想到这，阿尔弗雷德认为所有的民族无法共同信仰一个神。即便是基督教徒全部信奉基督，还有新旧之分，彼此之间都不能和平相处，何况是其他?

有的问题阿尔弗雷德可以解决，像这个问题阿尔弗雷德便束手无策了。自从有人类的那一天，不同种族的人因为信仰而产生的战争便屡见不鲜。

这种与历史共同进程的纠纷，是不能马上解决的。从历史的演变中探究解决之道，才是阿尔弗雷德认为的当务之急。

很显然，阿尔弗雷德已经找到了问题的根本，但是应该从何入手解决呢?

在阿尔弗雷德的眼中，只有一位上帝，只有一个信仰，那就是和平，可是世人却不以为然。因此，他下定决心：

“为了促进世界和平，我应该以我自己的信仰为出发点，让理想和宗教能够相结合。”

于是，阿尔弗雷德摒弃了狭隘的宗教观念，开始接受各种教义的熏陶。

在他看来，不必非得强调自己的宗教立场，只有采取接受所有民族、承认所有宗教信仰的中庸立场，并穿梭在每一个宗教体系之中，找寻消除彼此间摩擦的方法，使其安然相处。只有这样，才能达到获得和平的目的。

阿尔弗雷德决定自身化作一个润滑剂，拉近每一个宗教之间的距离。

从这一点我们可以看出他理想当中的伟大部分。

科学文明的进步永无止境

阿尔弗雷德所发明的甘油炸药、硝化甘油系列可塑性炸药一经问世，便促使火药前景产生了显著的变化，并且迅速地从欧洲扩散到全世界。

“我这样做，是不是不对啊？”

阿尔弗雷德的心中虽然有很满足的喜悦，但是始终避免不了不安的时候，其中还有很大一部分的自责。

“我还要继续自己的火药发明吗？”

面对这个问题，他常常陷入两难的自责，一方面发明成功的喜悦促使着他往前更进一步的研发火药，而另一方面他又害怕火药是为人类挖掘的一条不归路。

令阿尔弗雷德产生自责的还有最重要的一个原因，那就是自己最小的弟弟艾米尔的惨状，总是浮现在他的脑海，使他久久不

要知道科学文明的进步是永无止境的，每一种事业的成功都将不断推进社会的文明，包括火药事业在内。

能平静。

这位举世闻名的大发明家阿尔弗雷德，站在企业家的角度产生了一个最终的想法：

“对了！我不应该这么想，要知道科学文明的进步是永无止境的，每一种事业的成功都将不断推进社会的文明，包括火药事业在内。它不会因为我的停止研究而停滞不前，我相信即便不是我，换作是他人进行这方面的研究都会让火药的创新推向新的里程。”

可是，基于为人类安全考虑的阿尔弗雷德马上又推翻了自己的想法，此时，他性格当中仁慈、善良的一面闪现出来。

“话虽如此，但是硝化甘油、甘油炸药给人类带来的事故不算少了，不知道有多少无辜的生命丧命于此。普法战争中伤亡士兵的数量，乃是任何一次战争所无法比的。”

“难道这些惨痛的事件不是源于我所发明的炸药么？这样一来，我同那些在战场上开枪射击的人有什么区别呢？”

“可是，即便我不继续研发炸药，它迟早还是会出现啊！这个世界上，总会有一些跟我有同样想法和构思的人从事这项研究啊！只是时间的早晚问题，不是吗？”

“话是这样说没错，但是我始终过不了自己良心的这一关啊！我不希望自己最终成为被世人指责和唾弃的那个人，我不希望他们指着我的鼻子说我是‘罪魁祸首’或者是‘刽子手’啊！”

这两种对立的思想不断地在阿尔弗雷德的脑海中纠缠，他一时之间也没了主意。

“看来，我还是不想那么多了！这些问题我暂时解决不了，还会让自己神经衰弱。”最终，他选择摆脱思想的束缚，学会自我安慰。

从少年时代，就深受雪莱影响的阿尔弗雷德追求和平主义。但是因为父亲从事的事业，致使他从小常常出入制造武器的场所。时间久了，他自然对火药的原理、机械的设计产生浓厚的兴趣。但殊不知，两种极端的思想给他带来了矛盾的心态。

“火药是杀人的武器吗？”

“不是！火药是开辟道路和挖掘矿石的利器，它能带领人类文明向前发展！”

“但是，使用火药的枪和大炮毁灭村镇和要塞，那些因为火药而死伤的士兵数量更是多到数不过来！”

“但是不可否认的是，火药促进了工业发达，改善了人类的生活不是吗？”

“其实，火药拥有很多功能，但凡是危险之物只要正确地加以使用，都能达到惠利人民的目的。使用途径也是使用者所决定的，与生产者是毫无关系的。”

这样反复纠缠的两种南辕北辙的想法一直在阿尔弗雷德的脑海中不断翻腾着，但是他觉得一味地自责也于事无补。

“之所以我会产生这样两种思想，无非是战争带来的痛苦所致。说到底，只要火药能够终结战争，那么它便是当之无愧的功臣，所以与其我在这儿思考火药研发是否继续，不如期待战争赶快结束吧！”

每一个时代，都有热切地期盼和平并且愿意为了和平努力奉献的人。年轻时的阿尔弗雷德就是这样一位热血青年，他曾经为了实现和平的理想积极地投身到和平运动中去。

但是，经过请教专家学者、与很多人交谈之后，他渐渐地认识到单靠和平运动是不能够避免战争的。

“虽然你们的理想非常崇高，但是只凭借几条宣传和平的标语或者是演讲就能取得圣洁和平吗？你们觉得这样现实吗？就能使战争偃旗息鼓吗？不知道你们相不相信，反正我是不相信！”

对于那些爱好和平的人士，阿尔弗雷德如是说。

“您放心好了，诺贝尔先生！只要我们坚持不懈地向世人阐述和平的可贵和战争的罪恶，我相信一定不会再有人愿意参与到战争中去的。”

“你们的想法在理论上是可行的，但是世界上的人和物并非如你们所想的这般单纯，谁不憎恨战争？可是憎恨又怎样？战争不还是依旧存在吗？这是可以避免的吗？”

“虽然事实和理论有所悖谬，但是我相信我们的努力还是会取得一定的功效的，只是功效不会很大！”

“也许吧！聊胜于无，相对于毫无作为，你们的行动还是会有一些作用。可是我仍然相信高喊和平的口号是不能阻止战争的！”

阿尔弗雷德仍旧坚持自己的想法。

由于认识到倡导和平是一件无用功，阿尔弗雷德不再参加任何无意义的和平宣传活动。但这并不意味着，他会放弃自己一直以来坚守的和平主义，相反的，他想通过另一种更为行之有效的实际行动来促成自己心中的和平主义。

在阿尔弗雷德的脑海中，一直在盘旋着怎样才能让战争与世界人类绝缘，他也是一直这样践行着。

记得父亲还健在的时候，阿尔弗雷德曾经就这个问题问询过他的意见：

“您觉得怎样做才能阻止战争呢？”

“说实话，阿尔弗雷德，你的这个问题问倒我了，我真的不知道应该怎么回答你！要知道，我现在从事的正是促进战争胜利的武器。”

阿尔弗雷德显然不满意父亲的回答，继续发问道：

“如果人类具有更高的智慧，是否就能成功阻止战争的发生了呢？”

面对阿尔弗雷德的提问，父亲摇摇头表示否认，接着说道：

“我不同意你的观点，你要知道现代人类的智慧已经非常惊人了！”

“可是随着火药和兵器的不断进步，未来一定还要发生战争，那个时候人类不就面临灭绝的危险了吗？”

阿尔弗雷德的悲天悯人博得父亲哈哈大笑，说道：

“你的想法有些偏颇哦！人类还不至于那么傻。如果爱好和平的国家真的有一件毁灭性武器，相信就不会轻易地发动战争了。正是因为永远不会诞生这种超强的武器，所以人类才会不断发动战争，这样一来我们的诺贝尔公司才会一直存在！”

父亲最终耐心地解释给阿尔弗雷德听。

“如果能够发明生产出父亲口中的那种超强威力的炸药，那么人类就不会发动战争了……”

阿尔弗雷德一直在呢喃着父亲的话。

“对啊！既然这样，我还何苦这样内疚呢？只要继续研发，生产出那种足以威慑整个人类的火药，不就可以阻止战争了吗？这也是一种遏制战争的方法了，而且在此基础上还能促进人类文明，这是一件完全有益于人类的事情，我还在纠结什么？我还在等什么？索性马上行动好了！”

想到这儿，阿尔弗雷德终于不再纠结，他终于坚定了自己的想法：想要为人类寻求和平，必须马上研究出威力更为强大的火药。他还暗自下定决心：

“我一定要发明出能够遏制战争的火药，这样才能在历史上拥有自己的一席之地！”

阿尔弗雷德相继研发出硝化甘油、雷管、甘油炸药和果冻式的可塑炸药，推进火药事业向前发展更新，正是源于这种伟大的成就，让阿尔弗雷德更有把握、决心和毅力来完成自己心中的理想——制造足以阻止战争的炸药！

“虽然我的发明被用于战场，结束了很多人的宝贵生命。但是如果能够正确使用它，便可以促进工业发展，使得人类文明更加发展，这样一来火药功不可没啊！或许火药可以功过相抵了吧！”

阿尔弗雷德时常这样安慰自己，慰藉自己的内心。

在当时，阿尔弗雷德的想法的正确性不得而知。但是现在看来，他的想法的确有可取之处。

自从原子弹、氢弹等具备强大毁灭性的武器问世以来，人类一直忌惮其后果。

因此，除了一些局部战争以外，每个国家都不会轻易地发动大规模的战争，否则等待他们的结果只有一个——灭亡！或许，这就是“以战止战”的根本原理所在吧！

按照自己的观点，阿尔弗雷德一直在努力完成心中的理想。虽然他暂时还没有发明出足以遏制战争的火药，但是他的发明对人类的文明进步起到非常大的作用。

事业的成功使他积累了大量的财富，这笔数目可观的财富日后作为诺贝尔奖的奖金，惠于后世。

之所以设立诺贝尔奖，正是源于阿尔弗雷德对和平主义的坚守。他一生鞠躬尽瘁，努力拥护和平的精神，不会被世人所遗忘。

第四章

热爱和平的人

迁居意大利

从法国迁居到意大利圣雷莫的阿尔弗雷德，被这个国家的气候深深吸引，这个国家面临地中海，有着绵延的海岸线、宽阔的土地，说它是最适合实验火药的地方，一定没有人会质疑。

因此，阿尔弗雷德在这里建立了一个火药实验室，包括图书馆、天秤室，并且专门用一个房间安排发电所需的一切设备。此外，他还在这个基地建立了一个长铁桥，专门用来实验火药的爆发速度。

来到意大利之后，阿尔弗雷德的心情变得恬淡舒适，不但能安心地进行自己的火药实验，还对曾经在自己的内心中闪烁过的很多构想加以扩充，在心中盘算着它们的可行性，并且着手进行研究。

“令人意外的是，除了进行火药研究，阿尔弗雷德还能制造人造纤维！”一个来到圣雷莫实验基地参观的记者非常惊讶地感慨道。

“难道，研究人造纤维也值得惊讶吗？”

“不是的，是这样的，诺贝尔先生，在我们大家的认知当中，只有爆炸物品才能代表您成功的事业，它们才是引人注目的报道。”

“不是这样的……”阿尔弗雷德摆摆手，接着说道，“这是为什么呢？没有道理的事情！你看我手里的这些线多美啊！”

说着，阿尔弗雷德拿了一些人造纤维在手上。

“这些美丽的线丝是从矿物纤维中提取的吗？那就不足为奇了！”边听阿尔弗雷德的讲解，便观察手中的线丝，记者们似乎明白了一些道理。

“那你知道这些玻璃器皿上的小洞是怎么形成的吗？”

“这些比针孔还小的洞？”记者不明就里。

“把那些纤细的白金色放入这些玻璃当中，待玻璃成型之后，再浇筑王水使这些白金色融化，便可以在这些玻璃器皿中留下这么小的洞了。”

“原来是这个道理啊！”记者们无不称叹，“我知道王水能溶解白金和黄金这些不易融化的金属，它是什么药剂和硝酸混合而成的呢？”

“是硝酸和盐酸混合而成的！”

“这真的是一个奇妙的组合啊！”

其实，就在阿尔弗雷德研究人造纤维的同时，一位名叫歇尔敦纳的法国人早已完成了此项研究，他才是人造纤维的真正发明者。

“那么，这是什么呢？”一位记者又指着另外一样东西向阿尔弗雷德发问道。

“这是人造皮革。”

“这是怎么制成的呢？”

“它是一种不易挥发的液体和火药棉混合而成的，你摸摸它的质地非常轻柔。我接下来想继续制造人造品，比如人造橡胶。”

“诺贝尔先生，我发现您一直在推广火药的广泛用途，它还能应用在哪些方面呢？”

记者又把话题拉回到“火药”上面。

“是的，我是一个和平主义者。虽然我一直对火药有着浓厚的兴趣，但是我却不希望它被使用在战争上面，相反的，我更愿意使其应用在推进人类文明的日常生活方面。”

阿尔弗雷德似乎不是很喜欢这个问题，巧妙地将这个问题转移了。

“我十分赞同您的观点，那么这种像砂一样的东西是什么呢？”

“氧化铝，用它可以制造人造宝石。”

“人造宝石？”面对记者的疑惑，阿尔弗雷德先是点点头，然后继续说道：

“要知道，蓝宝石和红宝石都是铝的氧化物，换言之，宝石是氧化铝构成的稀有玉石。但是要使溶解的氧化铝再度凝结，则需要两千摄氏度的高温才能完成。”

“需要两千摄氏度那么高的温度吗？”阿尔弗雷德点点头，不置可否。

“但是我始终想不明白，诺贝尔先生，火药和人造宝石之间的联系在哪里呢？”

“它们的联系非常密切，火药爆炸的时候会产生高温，高温能使气体膨胀，使物体爆炸。”

“您的意思是，利用火药爆炸产生的高温可以溶解氧化铝，才能制造出人造宝石？”

“哈哈……”阿尔弗雷德先是哈哈大笑，然后开始称赞起这位记者，“我觉得你当记者真是屈才了，你很适合当一个科学家啊！考虑考虑，到我这里给我当助手吧！”

“谢谢您的邀请！”面对阿尔弗雷德的玩笑之语，记者淡定自若地说道，“我还是比较习惯当记者。那么，诺贝尔先生，您是否满意自己对于宝石的研究呢？”

“当然没有！现在这个人造宝石只能在显微镜下才能看得到。”

“那可真是糟糕啊！”

在之后的1904年，法国人柏诺力燃烧氧气和氢气的合成物产生的高温完成了制造宝石的程序。现在各地售卖的人造宝石，都是采用其方法制成的。

我们从以上种种的佐证，不难发现，阿尔弗雷德的研究工作并不拘泥于火药这一个方面。

“除了发明火药之外，诺贝尔先生还有其他的产品吗？”

“当然，而且有很多，只是我一时之间也想不起来！”

“有那么多吗？”

“是的，其中已经取得专利权的就高达355件。”

“真的？这个数字真的很令人震惊啊！”

“是的，其中还不包括没有取得专利和准备加以研究的产品在内，恐怕数字会更多哦！”

“您可真厉害！我就一件都发明不出来，说出来真是惭愧啊！能不能请您从您众多的发明中，说出一两件给您留下最深印象的，给我一些写作的素材呢？只有这样我才能就《火药之外的诺贝尔》，写一篇精彩绝伦的报道。”

“当然，但是我并不希望你的报道乱写一通！”

“我当然会如实报道，这点您就放心吧！”

“在研究的初期，我并不拘泥于对火药的发明。我记得我第一个取得专利的产品是水压计量器，发明水压计量器的时候我才二十三岁。”

“听这个名字就知道这个产品非常奇特！”

“第二件就是非水液体计量器。”

“这两件发明都是计量器吗？”

“是的，接下来就是晴雨表。”

“这是气压计吧？现在已经从液体改良成气体了。”

“再后来，我到了巴黎，在菲力巴哈先生那里继续自己的研究工作。”

“那个时候，您主要研究什么呢？”

“当然还是火药，我看我们今天不要将视角定格在这个上面吧！我接着说其他的，另外我还学习怎样煮制硫酸，并且在此基础上研究冷却器。与此同时，在设计液体气化的装置和重油油灯，还有石油连续蒸馏的方法……这些研究，都在一定程度上帮助了我两个在俄国从事石油事业的哥哥。”

“这样看来，您的发明种类和数量都很多。”

“除了这些，1878 年我发明了最为独特的产品取得了法国专利。”

“那是什么呢？诺贝尔先生，快点儿告诉我！”

“那个东西是加农炮，可以发射所有威力强大的火药。对了，我还研究炮身的构造！”

“是汽车的自动刹车装置。”

“真是太奇妙了，您对机械也感兴趣？”

“这并不奇怪，我本身就是一个机械技师，我曾经发明过汽锅。”

“诺贝尔先生，我不得不怀疑您脑部的构造是否异于常人了？谁能相信，这样普通的头脑可以发明出这么多惠及人类的东西。”

“是的！不久之后，英国政府还为我设计的铸铁精制法授予了专利，这种方法可以提炼铸铁的纯度。”

“您看看，您又摇身一变成了一位铁匠。”

阿尔弗雷德有那么多方面的发明，得到记者由衷的赞叹。

“感谢您今天接受我的采访，相信您提供给我的素材足够我写一篇非常丰富的报道了！等您的采访一刊登，相信读者们的惊讶不会小于我的。要知道，很多人对您的了解不是很多。谁能相信，除了火药，您对其他很多方面都有涉猎呢！”

“也许吧！”阿尔弗雷德开怀大笑起来。

“嘿，那边那个东西是什么啊？长得很像大炮啊！”

“那个东西是加农炮，可以发射所有威力强大的火药。对了，我还研究炮身的构造！”

“我能冒昧地问您一个问题吗？”得到阿尔弗雷德的应允之后，记者问道：

“如果我没记错的话，刚才您说您是一个和平主义者，对吗？”

“是的，我是一个和平主义者！”

“既然这样的话，您怎么会发明火药和大炮这种武器呢？虽然前者不单单可以应用于战争当中，还可以开山挖路，但是后者除了战争，我想不到任何用处了，请问这是为什么呢？”

“你的这个问题我很喜欢，我也很诚挚地回答你。大炮是我学术研究的一部分，我从未想将它应用于战争上，我希望你能了解我的想法。”

“我明白您的意思，我觉得大炮也可以具备它和平的用处。”

“哦？”记者的这句话激起了阿尔弗雷德的好奇。

“不知道我的想法是否成熟，我觉得大炮可以用于捕鲸。”

“你说得很有道理，看来你具备丰富的想象力，要不然我今天可就要在你面前出丑了！”

“您可真爱开玩笑啊！再次感谢您接受我的访问！”

“不客气！”

从这个采访当中我们可以知道，炸药并不是阿尔弗雷德全部的研究方向，他的研究辐射了很多个行业。生理学和医学也是阿尔弗雷德的兴趣所在，或许这就是诺贝尔奖项包含医学奖的一个原因吧！

从阿尔弗雷德广泛的兴趣和专一的注意力，我们便知道他所从事的每一个发明的种类，都与其性格和兴趣密不可分。

在他诸多的发明创造中，每一项发明都是他煞费苦心的结果。他还和小的时候研究火药一样，用自己的好奇心和专一的情操构筑起自己伟大的发明事业。

健康才是成功的基石

纵观历史，我们不难发现，凡是那些铸就伟大事业的人，都有着强健的体魄。身体是奋斗的本钱，身体的健康才是伟人们铸就成功事业的基石。

无论是发明家、科学家还是政治家无一例外，我们以发明大王爱迪生为例，为了一项发明他可以两天两夜不眠不休，他靠的是什么？假如没有强健的体魄，日夜的操劳早就导致他精神匮乏，那么今日也不能有诸多的发明啊！

可是令人遗憾的是，阿尔弗雷德并不具备这样一个重要的先决条件。自小，他便身体羸弱，长大之后心脏病和胃病常常折磨他。

我们前面提到过，从医学的角度出发，硝化甘油对心脏病有着一定的医疗价值。

“没想到啊！我现在已经到了吃炸药来缓解疼痛的地步了！”

每当阿尔弗雷德心脏病发作异常痛苦的时候，医生便为他调配硝化甘油，每每看到这样的景象，他总是面露苦笑。谁能想到，发明硝化甘油的人居然要把它当作药物来食用以缓解疼痛，这是多么讽刺啊！

总而言之，与很多成大事者不同的是，阿尔弗雷德并不具备健壮的体魄。或许，喜欢文学、浑身散发诗人气质的阿尔弗雷德代表着文人的孱弱吧！

即便阿尔弗雷德的身体不是很好，但是他所发明的产品并不输于爱迪生。很多人便会产生疑问，他是怎样完成这些艰巨的发明工作的呢？

虽然不能在体力上完成长时间的超负荷工作，但是凭借着坚毅的信念和超人的智慧，阿尔弗雷德每天都要坚持完成一部分实验，长此以往才取得惊人的成果。换言之，凭借着自己的恒心和信心，阿尔弗雷德才克服了身体虚弱的不利条件，成就了惊人的伟大发明工作。

阿尔弗雷德是非常珍惜时间的人，他非常珍惜生命中的每一分钟。每天勤奋工作之余，他不是看小说就是写作，从来不参加任何应酬。在他看来，散步都是一种对生命的浪费。他所铸就的伟大事业，全部仰仗于对时间的珍惜和每一份勤勉。

他认为人类最最值得尊敬的行为就是劳动，因此他也非常尊重劳动者，并且常以劳动者自居。这个称号，是他不懈努力的动力。

在尊重和爱护劳工这方面，他跟他的二哥一样。在阿尔弗雷德经营工厂的一段时间之内，从未与员工发生过任何摩擦和纠纷，尽管当时的欧洲盛行罢工风潮，但是在阿尔弗雷德所经营的工厂内却从未发生类似事件。从中我们可以看出，他为人的善良和对劳动者的体恤。

“我的生命就是劳动，我的仇人就是慵懒。”阿尔弗雷德一生谨记这句格言，他一直坚持不懈的努力工作，还会花心思去研究劳工。

曾经有人这样问过他：

“诺贝尔先生，常人看到的都是您的化学及工业，从未关注您也会研究劳工问题！”

“当然，研究问题可以给我精神上的慰藉。”

“换言之，这就是您的精神支柱，那么您享受这个过程吗？”

“不完全是，我志不在研究劳工问题。只是我认为包括建筑、机械、衣服和食品等日常所需的人类文明社会的一切产物，都是通过劳动者的劳动而得来的。我们应该尊重他们的劳动，因此我非常爱我工厂里的每一位员工，更爱全世界的工人们！我的愿望就是增加他们的幸福指数和保障，这就是给予我精神慰藉的全部源泉。”

阿尔弗雷德如是阐述他对劳工问题的见解。

当他六十岁的时候，被瑞典乌普萨拉大学聘为荣誉教授，这一年是 1893 年。他欣然接受这一殊荣，他希望可以在学校里开设一门劳工问题研究的课程。

但是令他失望的是，他被乌普萨拉大学聘为教授是基于其在哲学方面的考量，而并非其他，因此他的愿望并未成真。

“让我去研究哲学而停止研究劳工问题，简直是让精神层面的我消失。唉，看来大家还是不了解我啊！”

阿尔弗雷德将劳动视作崇高且不可侵犯的行为，因此对于那些整日无所事事的纨绔子弟和所谓的上流社会人物的生活方式，阿尔弗雷德非常嗤之以鼻。

这或许也是他不喜欢社交的重要原因之一，但是像他这样具有身份的人，在当时的欧洲社会，自然是觥筹交错间的重要贵宾。

而面对一切宴会的邀请，阿尔弗雷德都采取委婉的态度辞谢，在他看来那些都是索然无味的活动。

虽然他定居在繁华的巴黎，但是他却有意地避开踏入任何豪华社交界的大门，他宁肯过平静而充实的隐士生活，也不愿意去进行任何交际，因此常常惹人议论。

“诺贝尔好像一头驴那么笨，他一定是不懂上流社会交际的规矩。”很多肤浅的人喜欢这样议论他。

阿尔弗雷德极具教养，不会在意这些非议，也不会浪费任何时间在任何毫无意义的活动上。当然，如果这项活动非常有价值，阿尔弗雷德也毫不推辞，他会欣然前往的。

当他完成某一项非常重要的研究工作后，就会邀请几位好友共聚一堂甚至是彻夜长谈，在交谈的过程中，时间总是过得很快。

年岁稍长之后，自小体弱的阿尔弗雷德仍旧被病魔所缠。风湿和心脏病总是使得阿尔弗雷德叫苦不迭，身体上的摧残自然让他痛哭一场，更重要的是每每此时，他总要放下手头的工作，而去写小说。

他的助手和主治医生常常规劝阿尔弗雷德："诺贝尔先生，请您静养不要工作，好吗？"

但是他总是理直气壮地回答道：

"非常感谢你们的关心和好意，你们难道希望我像一个老病人一样，依靠退休金和财产安度残年吗？说实话，我做不到啊！"

"你大可不必如此，至少也要调养一下自己的身体，等康复了一些再去工作不好吗？"

"不碍事，我知道自己的身体，虽然不是很灵活，但是做一些小事还是可以的！如果我不为社会做一些贡献，那么我会郁闷的，那样的话更会影响身体！"

尊重并且热爱劳动的阿尔弗雷德曾经在苏格兰写过这样一首诗：

这个国家若无劳动，
雅尔德就是一片荒凉起伏的丘陵，
白兔会到这里游戏、觅食，
但我却因劳动爱上这片土地。

春天的绿叶能养活天上的飞鸟与地上的走兽，
但人们必须靠劳动才能养活自己。
无垠的岩山、连绵的荒野，
狂风呼呼的长啸。
凄冷冷的雨水簌簌地掉落，
瑟缩的工厂在荒野中颤抖。
只有劳动能在黑暗中放光彩，
光彩带领我们克服大自然的摧残，
赐给人类欣慰与希望，
劳动可以美化宇宙，可使荒野绽放生命的火花。

1871年，阿尔弗雷德在苏格兰新建火药场的时候，作了这首诗献礼。在那个阴冷多雨到处弥漫着浓雾，而且寒风瑟瑟的荒野当中，阿尔弗雷德尽力承担指挥建筑工厂和制造火药的职责。

在那样恶劣的工作环境和阴冷潮湿的气候当中，是很容易让人消沉和绝望的。如果不是对劳动有着浓厚的兴趣，谁都没有办法克服这些困难，除非像对劳动非常有感触的阿尔弗雷德，才会很快地从自然界的吞噬阴影中尽快抽出身来。从字里行间，我们可以看出他一生所信奉的信条。

享誉世界的大企业家

我们知道，阿尔弗雷德是一位杰出的企业家。同时，他又是科学家、发明家、文学家，而且还是极具同情心的慈善家。

和普通的发明家不同的是，阿尔弗雷德从不把自己封闭在实验室里闭门造车，他非常关心社会上发生的一些事情，尤其关注社会中的一些陋习和商场上的不良竞争。正是这种性格的发展，促使他研究劳工问题。

阿尔弗雷德家的兄弟都极具精明的头脑和企业家的风范，这并非阿尔弗雷德独有的天赋异禀，从经营巴库的石油公司中我们就可以窥见一斑。

换句话来说，阿尔弗雷德三兄弟都是属于商场的弄潮儿，他们身上异于常人的管理才能总是能使他们在庸常的人中脱颖而出。

父亲伊曼纽尔辛勤耕耘事业却惨遭滑铁卢，或许是从父亲的亲身经历中吸取教训，阿尔弗雷德三兄弟才能将苦根酝酿成甜果。

“我一定要在火药发明上拥有一番大事业！”从小，阿尔弗雷德就这样立志，有了坚定的信念才会在日后激励自己完成儿时的梦想。

此外，他还对缔造成功的事业有着独到的见解：

“虽然甘油炸药具备很大的威力，但是对我来说却没有多少益处，因为我只是一个发明家而已。”

或许是经常研究社会经济和实业问题的缘故，阿尔弗雷德才会有如此独到的见解。只有阿尔弗雷德才知道，自己是经过怎样的一番苦心，才使得甘油炸药得到大众的认识和认可。

“虽然取得专利，成功普及甘油炸药，但是我志并不在此，想从中获利的是那些经营者，而我只是研究者，而且并不是为了利益而进行发明创造的人！”

基于此，他立下一个原则，凡是出自他的手发明的物品，都要在自己开设的工厂里生产，并且由自己负责销售工作。

当他完成硝化甘油的发明工作的时候，就是采用这个原则进行生产和销售的，从未把专利卖给其他人获利。

终其一生，阿尔弗雷德都一直坚守自己研发、自己制造、自己投产、自己营销的法则，从未间断。

我们都知道，无论从事何种伟大的事业，都必须有强大的资金做后盾，无论是建筑工厂还是购置设备，无论是雇佣工人还是日常开销，庞大的经费都是必不可少的，源于此，借贷是成就大事业必不可少的一环。

类似这种问题，阿尔弗雷德都曾经潜心学习，方知借贷并不是一件简单的事情。首先要用借来的资金发展事业，待获得一定的利润之后，再向债主或者是银行借款，此时需要注意的是务必先取得对方的信任，并且让他们对你所从事的事业稳操胜算，这样一来借贷才水到渠成。

聪明的头脑、超人的才干以及满格的信任，阿尔弗雷德具备以上三个条件。因此在他的事业道路上，才能无所阻挡。

能够让自己的火药事业一帆风顺，阿尔弗雷德靠的不单单是过人的才智和真诚，他更多的是扮演一个操盘者的角色，对自己所要面对的事业进行周密的规划，这样才能事半功倍、运筹帷幄。

对于商业市场的波谲云诡，阿尔弗雷德了然于胸，这个世界上的人为了谋取利益自然会不择手段。假若在这个过程中稍加疏忽，便会让自己辛苦积累的成果毁于一旦。

“会不会是您想多了，诺贝尔先生？我们已经取得了这项发明的专利，谁还能动摇我们的劳动成果吗？”阿尔弗雷德的法律顾问对其打算开设大规模工厂的计划表示非常震惊。

“商场之道，难测变数。即便我们已然取得了专利，但是别人仍有可乘之机。我们的事业是以这个世界为对象，因此我们要更加小心。”

“道理是这样没错，可是您这样未免是太过小心了！”

“当然不是，害人之心不可有，防人之心不可无啊！”

虽然阿尔弗雷德取得各个国家的专利权，但是他仍然不放心权利的保障。怎样做才能完全保障自己的权利不受到伤害呢？

阿尔弗雷德经常为此事担忧，他决定完成以前从未完善的企业组织机构。在他看来，想要维护国外的权利并从中获得权益，就意味着必须在每一个国家设立自己的工厂，依旧采取自己制造、自己销售的原则。

因此，诺贝尔甘油炸药公司纷纷在各地成立。很多他的传记都对他的这项决定大加赞赏，他们都嘉许阿尔弗雷德希望甘油炸药普及世界的努力精神。

但是站在科学家的立场来讲，我们有理由相信，阿尔弗雷德这么做的原因只有一个——害怕自己的专利权受到侵害！

1871 年，成立于苏格兰的英吉利甘油炸药公司并不属于英国企业，而是隶属于阿尔弗雷德，他全面指挥这家正在建立的企业。

阿尔弗雷德的炸药公司就是采取这样一个形式在每一个国家建设分厂的，德国汉堡和美国旧金山都有阿尔弗雷德的工厂。接着，他又将自己事业的版图扩充至法国、比利时、加拿大和西班牙等地，最后遍及更为偏远的非洲。

逐渐的，在各地建立的诺贝尔甘油炸药公司形成一个庞大的“托拉斯”，独揽大权的人只有阿尔弗雷德一个人，他一人掌管从生产、经销技术和其他每个方面的公司业务。

全世界每一个国家的化学工业和石油工业都采取托拉斯的管理模式，这种组织严密且在市场上独占鳌头。能够最大化的保障自身的利益，这是保障阿尔弗雷德商业利益的一大利器。

赋予财富更多的价值和意义

“虽然我的事业正在向上孜孜不倦地攀爬着，但是我年事已高，岁月始终是最残酷的东西，我不知道自己还能看见几个春秋！”一天，阿尔弗雷德非常感伤地想着。这个时候的他，已经五十六岁了，白发早已攀爬至他的额上。

“人生不过数十个寒暑，我应该怎样处理我的身后事呢？”面对逝去的岁月，阿尔弗雷德不禁悲从中来。

“很难统计我在事业取得的财富，在我死后再大的财富也无非是一些纸。我既不能将它们带走，也不可能有人继承。当务之急，就是在我尚存的日子里，将这笔财富有计划地规划。”

在阿尔弗雷德的心中，他希望赋予自己的财富更多的价值和意义。

“现在真的没有头绪，不过幸运的是我还能够思考，我应该对其进行长远的计划。”虽然阿尔弗雷德还没有找到解决这个问题的办法，但是岁月却是无情地向前奔去，从未停歇。

“死神离我越来越近，我却还没有想到解决事情的办法。如果我找人商量这件事，那么一定会有大批的求助者向我要钱！”

斯德哥尔摩医学科怎么样？阿尔弗雷德首先想到的捐款对象就是这所学校。

“人类的幸福少不了医学，只有大力地支持医学研究工作才能减少人类的病痛，延长人类的幸福。这样讲的话，拨一部分财产给瑞典卡罗琳斯卡研究院应该是一件很有意义的事情！”

想到就去做，阿尔弗雷德马上捐款给斯德哥尔摩医学教育的研究所，并且还为研究所新购置了一批设备。

“只要我做好牵头的工作，其他的事情就交给别人吧！”

1893 年，阿尔弗雷德拟定自己的遗嘱：

“捐款对象应以医学为首要选择对象，其次是维护世界和平。看来，我现在应该为世界和平尽一些薄力了！”

阿尔弗雷德拿出当时自己 70% 的财产，拨给卡罗琳斯卡研究院、瑞典医学院、维也纳和平协会和巴黎瑞典俱乐部等组织，作为基金。

“算是解决了一部分的问题了，剩下的财产应该以造福全人类为前提。我的家乡是瑞典，我应该为我的国家奉献我个人的力量了！可是如果只照顾我的国家和民族，似乎又显得心胸狭隘。类似这样的地域观点正是对世界通向大同之道设障啊！这样不对！”

虽然阿尔弗雷德的国籍是瑞典，但是他的足迹却遍及欧洲的很多国家，同时他也曾经受到很多国家的礼遇和照顾。

“即便我生于瑞典，但是我长在俄国，此后又先后在美国和法国接受教育，之后又去到德国养病，现在我在意大利安度晚年。在很多国家，我都拥有自己的甘油炸药公司，这个公司使得我受到了来自世界各国人士的支持和认可，与此同时我也获得了很多利益。”

每每回忆过去，阿尔弗雷德深感自己取得的所谓“事业上的成功”与每一个国家都有着密不可分的关系。而剖析自己，阿尔弗雷德发现对全世界和人类的爱，都是源自自己的爱国情操。

“每个人都追求幸福，享受幸福是每一个人的权利。想要我的财产发挥最大的功能只有一个办法，就是将它用于消灭战争、追求幸福上，这样想来，只为瑞典造福并非真正的造福啊！”

为了给全人类带来幸福，阿尔弗雷德已经有了自己的安排。在1895年的11月27日，阿尔弗雷德为自己所有的财产找到一个好的途径，并且立下遗嘱奖励对人类有贡献的人：但凡对世界有贡献的人，都应该被给予奖励。

只要能够给人类带来和平，不论国籍和种族，都应该得到应有的奖励。战乱的根源在哪里？正是源于种族的歧视。虽然人类有肤色上的差异，但是怎么能够仅仅凭借这一点来判断一个人的好坏呢？

更何况，在每一个种族中都有立下大功、成就大事的伟人。这个世界上最无知、最愚蠢的行为，就是歧视他人！

正因为这样，诺贝尔奖的得奖人，不受种族、国籍和信仰的制约。那么，究竟哪一种成就才值得得到奖励呢？

阿尔弗雷德首先想到的就是科学，能够想到科学的原因自然是科学可以改变人类的生活。可是，科学的门类有很多，不说清楚不行。

阿尔弗雷德马上想到的就是最贴近人类的生活，那自然是包括机械和电动器具在内的日常所需了，这些全部属于物理范畴，

在1895年的11月27日，阿尔弗雷德为自己所有的财产找到一个好的途径，并且立下遗嘱奖励对人类有贡献的人：但凡对世界上有贡献的人，都应该被给予奖励。
NAT·MDCCCXXXIII OB·MDCCCXCVI
ALFRED NOBEL

因此必须设立一个物理学奖。

当然，在物理制品的产生进程中，化学方程式自然是重要的组成部分，因此阿尔弗雷德觉得自己也不能忽略自己的老本行，于是化学奖也在被奖励的行列中。

由此，诺贝尔物理学奖和化学奖便产生了。

当然，我们的阿尔弗雷德非常热爱文学，他常常在研究工作之余阅读文学作品，热爱文学创作的阿尔弗雷德认为，文化传播有着其他学科无法比拟的作用。

文学能够揭发人性和社会之间的真实面目，引导人类向正确之道走去。因此，能够用文学引导人类的作家，也应该得到奖励。

那么什么样的作品才能入围呢？阿尔弗雷德认为这个标准应该是：有内容、有思想，能够引导人类辨别是非黑白，这样的作品才能被称得上“优秀”。

于是，诺贝尔文学奖便也诞生了。

到这里，阿尔弗雷德还是觉得有自己没有想到的部分，作为一个和平主义者，如果忽视为了和平有所贡献的人呢？

“在这个受奖名单中，还应该包括那些能够促进和平的人，叫什么奖比较好呢？对了，就叫和平奖！在世界的任何角落，都有为了争取人类的和平与那些邪恶对抗的人，不能让这些人的努力付诸东流。”

阿尔弗雷德当时的财产总数是三千一百二十八万克朗，换算成英镑是一百七十万，换算成美元是九百二十万。他将这笔财产存入银行，用每年产生的大概二十万美元的利息作为奖金，奖励那些对人类幸福有贡献的人。

就这样，后来根据阿尔弗雷德的遗嘱，工作人员将利息分作五个等份，给五种得奖人。

“为了全世界人类的和平和幸福，我已经奉献了我最后的努力。现在，早年的不安已经荡然无存，现在即便离去我也了无遗憾了！”放下双肩的重担，阿尔弗雷德深感轻松无比。

“像我这样，一生幸福的人真是不多啊！”即便年老的阿尔弗雷德行动不便，只能躺在床上，但是每天洋溢在他脸上的笑容从未停歇。他每天都在做着自己热爱的事情——写小说，还会自嘲地开玩笑：

“其他的奖项我可能望尘莫及，但是我现在每天写写小说，说不定还能得一个文学奖呢！”

可见，阿尔弗雷德的晚年是非常安详和平静的。在他的内心深处，知道虽然自己一生的努力并没有得到世人的理解，似乎他的一生是失败的。

诚然，在他人的眼中，阿尔弗雷德是一个唯利是图的人，他为了得到利益发明武器损害他人的生命。但是，却很少有人能够了解他内心深处真正的用意。

他是一个发明和生产炸药的企业家，他又是一个和平主义者。

他对人类的未来、美好和幸福，有着笃诚的追求。

或许有人会质疑：“这怎么可能？一个制造炸药的人爱好和平？”

但是只要对阿尔弗雷德的一生稍有了解，就会知道这是真的。在阿尔弗雷德很小的时候，雪莱的思想便在他的身上和脑海中打下了深深的烙印。

来自英国的浪漫主义诗人，无比痛恨暴政和黑暗的统治。他对人类的热爱缔造了他的叛逆，他对和平的向往更是来源于对正义的追求。

在阿尔弗雷德看来，只有发明一种全世界威力最大的炸药，才能阻止战争。

可是令他非常不解的是，大众并没有把视线放在他的初衷上，而是一直抓着他发明炸药的这件事，这种对他的误解使他痛苦不堪。

“看来大家都把我视作反面教材了，他们误解我真正的奋斗动机，一味地曲解我的意图！”阿尔弗雷德痛苦地想到，“我的想法是为了人类的和平而奋斗，可是大家对我的看法完全跟我的初衷南辕北辙。”

每每想到自己生前被世人误解，死后还有可能让世人唾弃，阿尔弗雷德便不禁悲从中来。如果说他从前并不介意被大家误解的话，那么现在的他非常着急向大家表明心迹，让世人了解自己真正的心迹。

这或许是因为阿尔弗雷德剩下的时日不多了吧！

“我能感觉到我的生命所剩无几，难道要等我死了之后，大家才会真正地了解我吗？”

在1889年，阿尔弗雷德给一位在瑞典的朋友写了这样一封信：

> 请您为我物色一位瑞典的律师，我想让他帮我起草一份遗嘱。
>
> 现在我的两鬓已经斑白，我感到我的生命已经接近尾声了，我想要尽力摆脱曾经留于尘世的烦恼。虽然我早就为这件事做了准备，但是现在仍然感到时间不够。

没过多久，律师便帮阿尔弗雷德草拟了一份遗嘱，并且在上面标注了自己的建议——我建议您将遗产捐赠给斯德哥尔摩。

谨慎的阿尔弗雷德并没有马上采纳这条建议，他是这样回信的：

> 非常感谢您所草拟的遗嘱，我会考虑捐款给斯德哥尔摩学校的。只是我现在还不确定是鼓励孩子多读书还是出去闯荡，这是个问题。

时间来到了 1893 年，阿尔弗雷德已经不像以前那样因为急于表明自己的心情而贸然采取任何行动，他已经学会用理智来处理这个问题。

阿尔弗雷德一直深受母亲的影响，一生敬爱自己的母亲。当他成为伟大的发明家之后，仍然希望母亲能够跟他住在一起安度晚年。

母亲利用阿尔弗雷德给她寄的生活费接济了很多穷苦的人，为此，阿尔弗雷德更加敬爱自己的母亲，他为有这样一位母亲，而感到自豪。

小时候的阿尔弗雷德就非常乐善好施，长大之后有过之而无不及。他一直在思考，怎样能避免自己帮助别人的钱，被那些邪恶之徒骗走呢？

于是，阿尔弗雷德在 1893 年起草了一份遗嘱，为了避免自己的遗产被随随便便捐献给某个组织或者机构，在这份遗嘱当中，阿尔弗雷德决定他的遗产首先应该奖励那些科学领域的先驱者。

时刻信奉和平主义的阿尔弗雷德又特别为了那些和平战士设立了一笔奖金，他把奖励的时间限制设定在三十年。

可是，1895 年的时候，阿尔弗雷德深感自己先前对于遗产的设置略显粗糙，又经过反复的思考，他升级了自己的奖金设置，尽管后来的他还是认为这份遗嘱依旧不是非常成熟。

“假如我只能奖励几十年间的很少的人，那是远远不够的。

我全部的遗产都应该用于为人类谋福利这项事业中来，这才是最伟大的‘慈善事业’啊！”

于是，阿尔弗雷德决定用这笔财产成立一个基金，奖励人类伟大成就的奖金就来自于这笔财产的利息。

“我相信，一定有很多对后世非常有帮助的科学家们都非常潦倒，有的不能养活自己、有的不能养活妻儿……如果他们因为不能温饱而放弃对惠及后世的研究，那可真是得不偿失。我的遗产可以帮助他们度过生活难关，这样才能给予他们研究的动力，从事自己所喜爱的科学研究。”

“并不是那些在科学研究方面有突出成就的人才是科学家，才是英雄！只要具备高尚的情操，不为了自己的私利去搞发明的人就是杰出的科学家。只有关乎人类美好未来的发明，才是伟大的发明。”

现在看来，这个设想非常大胆。当阿尔弗雷德想进一步验证这个设想的时候，问题层出不穷。首先，怎样才能让这些设想成为现实呢？怎么做才能让后世知道阿尔弗雷德的苦心呢？

一个名叫安德烈的冒险家解救了每日陷入沉思的阿尔弗雷德，安德烈的精力非常充沛，他是一个有想法的人，不安于现状的人总是在平庸的生活中寻找突破。正是安德烈，令阿尔弗雷德终于找到处置自己遗产最好的方法。

在很早之前，阿尔弗雷德就认定了一个观点：人民群众的力量是非常惊人的，但是不可否认的是人民的力量也是盲目的。

安德烈给予阿尔弗雷德的启发正在于此，伟人的伟大之处正是在于他们能够用自己的德高望重来征服人民群众，为他们树立一个好的榜样，引领人民群众向往美好的事业。

“我的财产可以成为吸引人民群众的工具，我打算用它来奖励那些为了世界和平和人类的幸福做出贡献的人。为了别人得到幸福，这些无私的探索者甚至可以将自己的生命抛诸脑后，他们才配得上带领人民群众。”

经过很长的酝酿周期，1895 年 11 月 27 日，阿尔弗雷德在巴黎亲自写下了他那份最后的遗嘱。

在写给索尔曼的信中，阿尔弗雷德写过这样一句话：

“金钱和方案是我从不向别人借用的两样东西。”

是的，阿尔弗雷德根本不需要这两样东西。令他非常痛苦的却是健康、睡眠和时间，现在时间来找他算账了。

凡事都有期限，六十三岁的阿尔弗雷德一生都用自己超群的智力和坚强的精神完成自己的伟业。可是，谁也不曾想他的意志和力量可以维持这么久。

1896 年，索尔曼陪伴着阿尔弗雷德，和他一起度过他人生中的最后一个夏天和秋天。当他在比耶克博恩和博福斯进行指导的时候，很多人都视他为内行。

首先，他去往南方休息，并且找到巴黎的医生进行诊断。最后被告知，他患的是一种非常厉害的心绞痛，他必须马上休息。换言之，他可以准备自己的后事了。

今天，他的那份遗嘱举世闻名。可是有谁知道，这份遗嘱是在 1895 年就被拟定好，被存放在斯德哥尔摩的一家银行里。这件事被后世看作阿尔弗雷德表示自己属于那个城市。

这时，阿尔弗雷德意识到，有必要找到路德维格的儿子、管理圣彼得堡石油公司的侄子谈一下这件事情了，于是他去了一趟巴黎。

每天除了坚持写日记之外，阿尔弗雷德的时间都用来写作了。他完成了一部作品，名为《复仇女神》，这部作品完全是受雪莱的影响。此外，他还创作了一部以无烟炸药诉讼案为背景的剧本，叫作《专利细菌》。

这两部作品最大程度上反映了阿尔弗雷德的性格，深刻地揭示生活的不易和人们的痛苦。

除了写作，他在晚年还关心着生意计划和亲手处理了十几封关于复杂化学的信件。

在这一年的 10 月份，他给索尔曼写的信中有这样一句话：

“命运好像真的很讽刺，我发明了硝化甘油，而我又不得不吃它们。很多人叫它们三硝酸酯，这样才不会吓到大众。”

1896 年 12 月 7 日，阿尔弗雷德在圣雷莫写下了给索尔曼的最后一封信。他也是半个月之前来到这里的，这封信的主要内容还在谈一种新的硝化甘油炸药。

这封信以这样一段话作为结尾：

> 非常不幸的是，我的健康情况开始恶化，写几行字都深感困难。可是当我觉得我还可以的话，我就会让我的注意力转移到我所感兴趣的研究上面。
>
> 阿尔弗雷德·诺贝尔，你忠实的朋友

阿尔弗雷德现在的语言非常简洁，意思表达得非常清楚。他现在正处于生命的边缘，是的，他再也不能回到过去，回到那个使他精力旺盛的感兴趣的研究上了。

可是，最后这封信并没有寄出，它静静地躺在阿尔弗雷德的写字台上。

诺贝尔奖的诞生

当阿尔弗雷德立完遗嘱之后，心中没有任何牵挂，自然心情非常好，病情也好转起来。于是他抓紧利用这段时间，写起了小说或是继续从事研究。

“活着的时候，我利用自己的才干打下来庞大的江山，死了之后我又给后人留下了宝贵的基金。即便我日后可能做不到很辉煌的事业，但我仍然愿意努力做一些我力所能及的事情。”

现在的阿尔弗雷德也已是风烛残年，加之关节炎和心脏病的双重煎熬，更加显得颓废和憔悴，他自己也经常呢喃：“我怕是不行了！”

虽然他自己很坦然，了无牵挂，但是仍无法正视老年的寂寥。现在，二哥路德维格的儿子伊马是他唯一的亲人。

伊马非常爱自己的叔叔，阿尔弗雷德去世前两年在那不勒斯盖的别墅就是由伊马负责监工，他的要求只有一个——保证叔叔得到静养。

“医生一直在治疗我的关节炎，但是毫无起色，看来我的确快不行了！”

一天，阿尔弗雷德这样对伊马说道。

“别想得太多，叔叔。您看这里的风景这么优美，只要你安心地在这座别墅静养，你的身体迟早有一天会好起来的！”

由于病情日渐严重，阿尔弗雷德必须立刻前往巴黎治疗，因此刚刚有点儿人气的别墅马上又冷清起来了。

除了风湿给他带来的痛苦外，阿尔弗雷德的心脏病也在日趋恶化。

“医学上没有治疗心脏病更好的药了吗？”

一天，阿尔弗雷德这样问医生。医生摇摇头地表示，目前治疗心脏病最有效的药物还是硝化甘油制品。

听到医生的话，阿尔弗雷德自我调侃道：

“看来，硝化甘油真是我的幸运物啊！”

1896 年 11 月，阿尔弗雷德的病情略微有了一些好转，于是他马上回到意大利的圣雷莫，他哪里知道自己将不久于世了呢？

一位技师来探望阿尔弗雷德，并向他提交了硝化甘油更新制品的报告，得到了阿尔弗雷德的称赞：

“有了这样精良的产品，看来我死后也可瞑目了！”

“您可千万不能这样说啊！我们还等着您回来指导我们呢！”

“不要再安慰我了，我自己最了解我的身体。”

阿尔弗雷德笑着对那位技师说道。

那位技师问他为什么这样消沉，阿尔弗雷德是这样回答的：

“我想我已经为人类的和平和文明尽了我自己的一分力量，而我的遗嘱也将我的身后事交代得清清楚楚的。当然，我希望您能替我转达一件事，可以吗？”

“我的荣幸！”技师爽快地应允。

“我觉得土葬并不卫生，因此我希望死后我能火葬！”

虽然这位技师不敢想象诺贝尔死后的事情，但是阿尔弗雷德非常坚定地说道：

“我是说真的，我已经在我的遗嘱中提及此事。但是我还害怕死了之后马上火烧会产生痛苦的知觉，因此我希望我的遗体停放两天之后再去火葬，否则我害怕我在火炉中复活！”

“啊？”那位技师深感阿尔弗雷德的想法有点叫人害怕。

“你不要惊恐，我是真诚地在邀请你帮我做这件事情，因为我的时日不多了，这些问题应当马上解决。没人不希望自己的身体健健康康的，可是我知道不能再与你们一起进行研究了！”

“放心，您一定会的！”

那位技师一直在安慰阿尔弗雷德。可是，所有的鼓励和安慰都不能阻止死神的脚步。这一年的12月7日，阿尔弗雷德写信给这位技师，表示非常欣赏他的报告，也在心中表达了自己的遗憾——再也无法与大家共同研究更高级别的硝化甘油了！

“即便写这样一封短信，都深感吃力……”

就在写完这句话的三小时之后，阿尔弗雷德因心脏病发作痛苦地无力动弹。

三天之后，阿尔弗雷德跌倒在书桌旁边，仆人们将他搬到二楼的卧室，并且找来了医生。经过医生诊断，阿尔弗雷德患的是脑出血，部分大脑组织已经坏死，除了瑞典语他说不出其他国家的语言。

可是遗憾的是，当时伊马没有在场，医生是意大利人、病榻周围都是法国人，他们听不懂阿尔弗雷德说的话，只能面面相觑无可奈何。

这番临终时的景象，正是阿尔弗雷德过去最为担心的——没有一个人能在他的耳边说一句安慰的话。

1896年12月10日，阿尔弗雷德·诺贝尔在意大利的圣雷莫与世长辞，享年六十三岁。非常不幸的是，因为身边没有一个懂得瑞典话的人，所以阿尔弗雷德临终前到底说了什么，到现在都是一个谜。

在圣雷莫的米欧尼德庄举行了阿尔弗雷德的追悼会，巴布特地从巴黎赶来这里参加。除此之外，瑞典也派来了追悼团体。

很快，阿尔弗雷德的遗体便被带回了瑞典。12月29日，正式举办了阿尔弗雷德的葬礼，结束之后阿尔弗雷德的遗体被安葬在家人的身边，这样一来阿尔弗雷德的所有心愿都被完成。

创造如此伟大事业的大发明家，半世奔走他乡，最后溘然长眠于自己的家乡，这也算是落叶归根，回到祖国的怀抱了。

瑞典位于北欧，柔和的阳光和漫长的黑夜都在准备迎接这位伟人的灵魂，瑞典的人民都愿意永远守护着阿尔弗雷德的遗体。

他的光芒依然照耀着世界

我们之前已经了解到，阿尔弗雷德将他大部分的财产用来奖励那些在各自的领域有所贡献的人，希望他们能够利用自己的聪明才智为人类造福。

“真是佩服诺贝尔先生的伟大胸怀啊！”

“诺贝尔先生不是因为获得利益才搞发明，真是带领人类前进的领袖啊！”

……

面对阿尔弗雷德的遗嘱，大家都非常感慨。

“我们就把奖金的名称叫作‘诺贝尔奖’吧！”

这句提议得到了大家的支持，至此诺贝尔奖不单单是世界性的组织，更是全球最高的荣誉。诺贝尔奖蕴含着阿尔弗雷德的伟大精神，这种精神将与世界长存！

虽然阿尔弗雷德·诺贝尔离开人世，但是他的光芒却毫无保留地展现在世人的面前。每年的 12 月 10 日，瑞典斯德哥尔摩市中心的音乐厅都聚焦了全世界的目光。因为，一年一度的诺贝尔奖颁奖典礼将在这里举行。

下午的四点半，乐队开始奏乐，全体到场人员随着音乐全部起立，共同迎接王室成员的驾临。

典礼的流程非常简单，获奖者致辞、接收获奖证书及奖金，然后便于晚上七点开始晚宴。晚宴结束之后，国王会一个个召见获奖者，并与每位获奖者交谈五分钟。

全世界科学家梦寐以求的最高荣誉便是诺贝尔奖，因为正是这个奖项照亮了一代代科学家的前进道路。

阿尔弗雷德·诺贝尔的人生充满着非凡的戏剧性，因此所有关于他的传记都不需要虚构。他为人谦虚、爱好文学，尽管身体较差，但是并不妨碍他凭借自己的聪明睿智和坚毅的品德勤奋发明，在极其恶劣的大环境下缔造巨大的成功。

爱因斯坦在给居里夫人的悼词中写道："第一流的人物对于时代的意义，其人格的力量常常远胜于单纯的才智。"

阿尔弗雷德·诺贝尔堪当此论！他的一生都奉献给了发明事业，取得伟大的成就。虽然积累巨大的财富，但是他并没有将其据为已有，相反却奉献自己所有的财产，奖励那些给予人类伟大贡献的功勋。

我们必须缅怀阿尔弗雷德，因为他对世人的爱超越了国家和种族，全球涌现出很多出众的人才获得此殊荣。而如果你问哪一个诺贝尔奖项最受世人的关注？那非诺贝尔文学奖莫属。

1968 年，恰逢瑞典中央银行建行三百周年，银行高层提出增设诺贝尔经济学奖，并且于次年与诺贝尔其他五个奖项一同颁发。其授奖资格为在经济方面有重大贡献者，并且首先奖励先前曾经奉献过的人。

作为一个世界级别的奖项，诺贝尔奖项的意义远非只是金钱那么简单，更多的是给获奖者带来荣誉上的提升，还会在他们创作的过程中给予无上的鼓励。

根据遗嘱，诺贝尔的颁奖项目包括物理、化学、医学、文学和和平五个奖项。这五类获奖方向都有各自的委员会，他们决定从来自世界各地推荐的候选人中选出最终的获奖者。

1901 年的 12 月 10 日是阿尔弗雷德·诺贝尔逝世五周年的日子，斯德哥尔摩举办了第一届诺贝尔奖颁奖典礼。

在那一届诺贝尔奖颁奖典礼上，受奖人的推荐词均是瑞典语，国王亲自颁发诺贝尔奖项。

那么，都有哪些在各自领域创造卓越表现的人获得了第一届诺贝尔奖了呢?

物理学奖颁发给来自德国的物理学家威廉·伦琴，他发现了X光。化学奖授予了荷兰籍化学家雅各布斯·亨里克斯·范托夫，他是因为发现化学动力学和渗透压定律而获得这一殊荣。生理学或医学奖得主是因为发明血清疗法防治白喉、破伤风的德国籍医师埃米尔·阿道夫·冯·贝林。文学奖得主是法国诗人苏利·普吕多姆。和平奖获奖者是来自法国的弗雷德里克·帕西和来自瑞士的让·亨利·杜南，前者创立了国际和平联盟以及各国议会联盟，后者创立了国际红十字会，这最为合乎阿尔弗雷德的遗愿。其实，每一届获得诺贝尔奖的得奖者都将永享来自阿尔弗雷德赋予的荣耀。

当然，值得一提的是，到目前为止，有多位华人诺贝尔奖获得者，按获奖时间顺序为：

李政道，1957 年获诺贝尔物理学奖；

杨振宁，1957 年获诺贝尔物理学奖；

丁肇中，1976 年获诺贝尔物理学奖；

李远哲，1986 年获诺贝尔化学奖；

朱棣文，1997 年获诺贝尔物理学奖；

崔琦，1998年获诺贝尔物理学奖；

钱永健，2008年获诺贝尔化学奖；

高银，2009年获诺贝尔物理学奖；

莫言，2012年获得诺贝尔文学奖；

屠呦呦，2015年获得诺贝尔生理学或医学奖。

诺贝尔奖促进了人类文明的进程，并且彰显了阿尔弗雷德·诺贝尔的和平主义。诺贝尔奖的评选与运作，是在发扬光大科学精神。诺贝尔奖的主要奖励对象，是那些原创性的科学发现和成就，奖励那些为人类和平和社会进步事业做出卓越贡献的人士。奖项的内容与评选的过程，都要体现客观、公正、真实和正义的原则。

对于获奖者来说，他们不单单在心理动机、科学态度和理想信念方面必须表现出纯洁、坚定和崇高的品质，而且他们的行为还必须遵循基本的科学规范、技术规范和学术规则。

虽然诺贝尔奖的评奖规则不以获奖者所受教育学校的名气大小决定其是否有资格获奖，但在实质上诺贝尔奖是对获奖者曾经受过的教育理念、教育环境的充分肯定，而它们的核心正是科学精神和人文情怀。

在我们大多人的心中，尤其是对于那些从事科学研究的青年人来说，诺贝尔奖总是充满着崇高色彩，人们对获奖的科学家敬仰有加。

每年一度的“诺贝尔奖”评选，让世界上的每一个精英都热切期盼，因为无论谁被评为得主，那无疑是进了“天堂”。他们并不在乎获得的奖金数目，而是希望获得那无上的荣誉！

“为了人类文明与和平”，阿尔弗雷德·诺贝尔的灵魂和思想仍然回荡在世界上，一直在呼唤着人类更伟大的创造！